사랑하게 된 거야, 너를

안내견 강산이가
내게 남긴 것들

사랑하게 된 거야, 너를

김성은

청과수풀

| 일러두기 |

책에 실린 전북 사투리 및 입말 등은 글맛을 살리기 위해 일부 그대로 차용했습니다.

차례

작가의 말 • 6

1부
봄의 초입에서 • 13

2부
강산아, 거기도 많이 더워? • 91

3부
낙엽 냄새가 코에 스미면 • 189

4부
첫눈 온다고 말해주고 싶었어 • 233

작가의 말

철쭉이 만개한 공원을 제자들과 걸었습니다.
제가 20대일 때 담임했던 학생들이에요. 근 스무 해, 세월을 덧입은 얼굴들이 반갑게 마주 앉았습니다.

"선생님, 저는 지금도 안내견만 보면 강산이 생각이 난다니까요. 수업 시간에도 강산이 선생님만 쳐다보고 있었잖아요."

강산이는 우리 졸업생들 기억 속에도 남아 있었습니다. 당시에는 끝이 없는 미로를 통과하는 것처럼 모든 것이 서툴고 두려웠어요. 강산이가 함께 걸어주어 그 속에서도 웃고, 숨 쉴 수 있었습니다.

추억 저편에 몇 장면은 여전히 생생해요. 귀공자 강산이는 생전 무엇도 핥는 법이 없었습니다. 다이어트 한번 해보겠다고 제가 23층 집까지 계단을 선택했을 때, 7층쯤부터는 똑똑한 강산 군, 자꾸 저를 엘리베이터 앞으로 이끄는 거지요.

"누나 왜 이래. 나 힘들단 말이야. 평소 타던 것 타고 올라가자."

강산이 목소리가 들리는 듯했습니다.

오늘날 유주 부친, 그러니까 저희 부부가 갓 연인이 되었을 때, 그는 매우 아담한 소형차를 탔어요. 기름을 넣는데, 뒷좌석에 길게 누운 강산이를 본 사장님이 한마디 하십니다.

"웬 차보다 비싼 개를 태우고 다닌다."

신호등 없는 횡단보도를 둘이 건너다가 코앞에서 급정거했던 차의 비명 같은 브레이크 소리는 아찔했습니다.

강산이는 귀가 간지러우면 동그랗게 몸을 말아 뒷발로 시원하게 긁었어요. 코 골고 하품하고 한숨 쉬고, 잠꼬대하고…. 그 몸짓 하나하나가 아련합니다.

학생들이 모처럼 싱싱한 목소리로 안내견에 대한 질문을 쏟아냈던 날, 일기 같은 편지를 쓰기 시작했어요. 낯선 환경에서 인정사정 없이 고독했지만, 그래서 더 충일했던 강산이와의 시간을 곱씹어 보았습니다.

'자유로웠구나.'

차별 혹은 특별의 영역 그 어디쯤에서 외줄을 타듯 '보통 사람'을 추구했습니다. 나약하고 게으른 저를 번번이 살게하는 선한 이들 기운에 힘입어 여기까지 왔어요.

상상해 봅니다.
만약 내가 장애인이 아니었다면…?

단언컨대 '장애'나 '봉사 활동' 같은 단어와는 거리가 먼 인생을 살고 있었을 거예요. 나눌 줄 모르고, 내 것에만 눈이 멀어 탐욕스러운, 그러나 그런 스스로의 민낯을 적당히 포장하며 아닌 척 시치미 떼고 살지 않았을까 싶습니다.

그런 의미에서 남편을 존경하게 돼요. 장애를 가진 배우자와 평생을 함께하는 것, 결코 평범한 선택일 수 없으니까요.

'장애인'이라는 달갑지 않은 신분으로 살아서인지, 유독 제게는 고운 인연이 많았던 것 같습니다. 강산이를 정식 안내견으로 훈련시켜 준 삼성안내견학교 선생님들, 퍼피워커 가족 분들 고맙습니다. 정제되지 않은 감정 다독거려 주시고, 버려진 문장으로 다듬어 표현할 수 있도록 지도해 주신 한경선 작가 님, 버거운 갈등 상황을 글감 찾기 관점에서 파악할 수 있도록 새로운 눈 선사해 주신 김소민 기자 님, 강산이와 제가 나누어 가진 감정선을 예쁜 그림에 담아 주시고, 손으로 만질 수 있는 물성으로 디자인해

주신 이진희 그림 작가 님과 북 디자이너 님, 짧은 문장에 겹겹이 스민 저자 감정을 깊고도 매서운 통찰로 읽고 또 읽어 지난한 교정 작업 진행해 주신 청과수풀 편집자 님 감사합니다.

일일이 나열할 수 없지만, 제 귀에 명료한 음성으로 드넓은 세계 속 저자들의 사유를 전해 주시는 낭독원 님들, 시각장애인들의 윤택한 독서 생활을 위해 힘써 주시는 관계자 님들께 진심으로 감사드립니다.

언제 떠올려도 선물 같은 강산이를 독자 님들께 자랑할 수 있어 행복했습니다. 어느 시각장애인 여자와 안내견 이야기가 쉼 없이 달려야만 생존할 수 있을 것 같은 우리, 핵개인 사회를 사는 현대인 가슴에 몽글몽글한 온기로 가 닿으면 좋겠습니다.

초록과 비와 개구리가 넘실대는 6월에,
김성은

표지와 본문 그림

 어깨까지 내려오는 갈색 머리, 흰 티셔츠와 연한 카키색 바지를 입은 제가 갓 구운 빵 색깔을 한 강산이를 안고 있는, 그야말로 그림 같은 표지 그림이에요. 각 부 사이에는 저와 강산이가 함께 산책하고, 강산이에게 편지를 쓰는 일상의 모습을 담았어요. 이어지는 그림에선 저와 강산이가 둘만의 숲속에서 자유롭게 걷기도 하고, 제가 밝게 웃는 강산이를 꼭 안아주기도 해요. 책 속 그림들을 가만히 떠올려 봅니다. 음성 언어 바깥에서 눈 혹은 귀를 통해 가슴으로 전해질 우리들의 이야기가 은은한 석양빛으로 독자님들께 다가가면 좋겠습니다.

1부

봄의
초입에서

강산이,
보고 있니?

 강산이 오늘 귀 좀 간지러웠어?
 올해 봄부터 누나가 중학교 수업을 들어가잖아. 겨울방학 내 열심히 공부하는 거 너 봤지?

 다행히 요즘은 EBS에 음성으로 자막 화면 해설이 입혀져 있고, 점자 정보 단말기도 있어서 강의 들으며 필기하기가 훨씬 수월해. 그 옛날 누나가 수능시험 준비할 적에는 화면 해설 같은 건 상상도 못 했는데….

 너도 알다시피 누나는 월요일 1교시를 무척

좋아한단다. 학생들과 얘기하고 웃으면서 교과서 보고, 목청 높여 한바탕 수업하고 나면 본격적인 한 주 출발의 시동이 걸리는 느낌이라서.

매일 시들시들하던 중2 여학생들이 '안내견' 얘기 나오니까 초롱초롱 질문을 쏟아내더라. 한 시간이 훌쩍 갔어.

누나도 모처럼 강산이 얘기하며 추억에 젖었네. 우리 둘이 걷던 길의 향기, 바람, 그 걸음걸음이 비현실적으로 가벼워서 자유로웠던 시간. 너 귀 좀 간지러웠을 거다.

누나가 강산이 뒷담화한 것은 아니고, 네가 얼마나 영특한 녀석인지 임팩트 있게 설명하려다 보니, 그만….

강산이가 누나 연수하는 사이 숙소에서 3일치 도시락 사료를 다 뜯어 먹고는 누나를 보고 깜짝 놀라 토해버린 사건, 침대에 올라가면 안 되는 수칙을 어기고 몰래 누나 침대에서 자다가

강산이, 보고 있니?

아닌 척 제자리로 돌아가 앙큼하게 시치미를 떼던 모습, 누나 남자 친구가 아무리 인사를 건네 봐도 고개를 획획 돌려 버리던 매몰찬 녀석, 하네스와 목줄을 훌훌 풀고 맘껏 뛰라고 판을 깔아줘도 누나 다리에 딱 붙어 꼼짝도 안 하던 새침데기. 그게 바로 너였는데, 인정?

우리 강산이, 못 말리는 그 도도함은 지성과 미모를 겸비한 자만 뿜어낼 수 있는 깨끗한 아우라였다.

누나가 "교회 가자" 하면 교회로, "학교 가자" 하면 학교로, "마트 가자" 하면 틀림없이 마트 문 앞에 나를 데려다 놓았던 요술 같던 친구.

보고 싶다.

벌써 중학생이 된 딸 유주랑 비슷한 또래라서인지 누나는 중2 여학생들이 참 이쁘고 짠해. 이 험한 세상을 눈감고 버텨내야 할 언니들이라서….

모처럼 살아 있는 경험을 나눌 수 있어 교실에 활기가 돌았어. 하늘에 있는 강산이 덕분에 선생도 학생도 신명 난 수업 시간이었네.

고마워!

강산이, 보고 있니?

노을도 벚꽃도
내 것은 아니지만

강산아, 그 동네 사람들도 드라마 좋아해?
 누나는 드라마 없었으면 어찌 살았을까 몰라. 회날 때, 도망치고 싶을 때 드라마 하나 잡고 정주행하고 있으면 머리가 싹 비워지는 것이 아주 그만이거든.

 요즘 누나는 〈눈물의 여왕〉이라는 작품에 빠져 있어. 이혼 위기에 처한 부부가 서로를 향한 진짜 사랑을 확인하게 된다는 줄거리야. 순대국밥 맛을 모르고, 지하철을 타지 않는 여자에게 남자가 당산역에서 합정역 가는 한강 다리 지하철 저녁노을을 말하거든.

 누나 중1 때 타고 다닌 바로 그 구간. 야맹증이 심했던 나는 하굣길, 한강 넘어가는 철교를 지날 때마다 조마조마 해가 남아 있기만을 바랐었는데….

 매일 2호선을 타고 다녔어도 노을빛 같은 것을 음미할 여력이 없었구나. 어느 등굣길에는 시청역에 사람이 너무 많아 밀리고 또 밀리다가 지하철과 플랫폼 사이에 다리가 쑥 빠져버린 일도 있었어. 얼마나 놀랐던지….

 고맙게도 같이 떠밀리던 사람들이 순간적으로 내 팔을 잡아 끌어내 줘서 다시 출입문 안쪽으로 휩쓸려 들어갔다니까. 인산인해를 피부로 체험할 수 있는, 그야말로 지옥철이었어.

 시각장애인을 위한 화면 해설 서비스 덕에 누나 혼자 드라마를 감상하는데도 제법 밀도가 높아.

노을도 벚꽃도 내 것은 아니지만

"해인이 현우를 차갑게 쏘아본다."
"현우의 눈빛이 흔들린다."
"은성이 비릿하게 웃는다."

 화면 해설 전문 작가 님이요, 성우 님들은 누나에게 비주얼의 세계를 상기시켜 주는 고마운 분들이야.

 험한 세상 속 빛나는 별 같은 선한 손길들이 귀하다. 그들의 눈에 비친 노을이, 벚꽃이 소리가 되어 내 귀에 보여.

시내버스를
타고

교정에는 벌써 노란 산수유 꽃망울이 맺혔대. 강산이랑 처음 출근했던 그때는 화단에 꽃이 피었는지, 참새가 지저귀는지 귀에 들어오지도 않았었는데.

'교무실'이라고 일컬어지는 작은 공간에 누나 책상을 배정받고 한쪽에 강산이 집을 설치했어. 사람도 장소도 생소하기만 했던 우리 둘의 출발이었지.

강산이와 함께가 아니었다면 누나 연고도 없

는 타지에 취업할 엄두를 감히 냈을까?

 '삼성안내견학교'에서 2주 입소 훈련받고 당도한 현지는 그야말로 척박했어. 훈련사 선생님과 주거지 환경을 탐색하고 산책 코스를 정했잖아. 강산이와 통근하고 싶어 학교까지 걸어올 수 있는 길을 궁리하다가 집 앞 대로를 건너 논두렁길을 가로지르는 방법을 물색하기도 했고.

 강산이도 깜짝 놀랐지? 누나랑 학교 가는 길 연습하다가 갑자기 커다란 멍멍이들이 돌격했을 때. 뒤에서 작은누나가 따라오고 있었으니 망정이었지 누나 간이 콩알만 해졌었잖아. 결국 그 길은 포기.

 3킬로미터 걷기에 맞춤한 거리인데, 강산이와 둘이서 통근하고 싶었지만 쉽지 않았어. 동료 선생님 도움받아 카풀을 하기도 했는데, 번번이 내부 세차를 해드릴 수도 없는 노릇이고. 시트에 묻어나는 털이 마음에 걸리고 보니, 다른 방법을 찾게 되는 거야. 그렇게 정착한 우리의 통근 수단, 바로 시내버스였어.

 우리 강산이 커다란 덩치에 어울리는 크고 넓은 실내 환경은 딱이었는데, 눈 밝은 강산이는 숫자를 모르고, 숫자를 아는 누나는 버스 번호를 볼 수가 없으니 이게 또 문제잖아. 정류장 찾는 것이야 우리 강산이가 칼같이 해줬으니, 걱정이 없었지. 주변에 서 있는 사람들에게 우리가 탈 버스 번호를 알리고 도움을 청했던 기억이 나네.

 "버스 타자. 문 찾아."

 우리 강산이 폴짝 얼마나 날렵하게 버스 계단을 밟고 올라탔는지. 그렇게 버스 타고 출퇴근하던 시절에는 누나 봄이 오는지 가는지도 사실 몰랐어. 몸도 마음도 퍽이나 경직되어 로봇처럼 각 잡혀 살았던 것 같아.

 얼음 같은 누나 심장에 우리 강산이 존재가 유일한 불씨였구나. 너의 그 보드라운 머리와

목덜미를 쓰다듬고 있으면 손끝에서부터 온기가 퍼졌어. 강산이 숨소리에 잔뜩 곤두선 신경 한 올 한 올 긴장이 풀리는 거야.

 네가 나란히 걸어줘서 누나 1년, 2년 비틀거렸어도 여기까지 올 수 있었어.

박치기 한 번 오지게

아는 길이고 아무 소리도 없었어.
흰 지팡이를 손에 쥐고도 그렇게 부딪힐 수가 있더라.

시설 생활인인 듯했어. 고개를 푹 숙이고 왜 출입구 한복판에 서 있었을까? 이쪽은 정신이 혼미해지면서 눈물이 찔끔 나는데, 저쪽은 미동도 없이 고요하더라고. 석상 같은 포즈에 내 코뼈가 부러진 것은 아닌지, 너무 아프고 쪽팔리고 울컥 짜증이 났어.

'멍 자국, 오래갈 텐데….'

부딪히고 깨지고 넘어지고, 하루 이틀 아니건만, 이 무자비한 통증에는 익숙해질 재간이 없다.

오랜만에 선배와 통화를 했어. 누나와는 신기할 지경으로 공통분모가 많은 여자 사람. 저시력이었다가 전맹[1]이 됐어. 요령 부리며 남 탓하고 큰소리치는 사람을 버거워하지.

누나 암 진단받고 멘붕 와서 전화를 걸었는네, 선배가 이미 일 년 선에 똑같은 신난을 받았다는 거야. 6개월에 한 번씩 추적 관찰 중이라는 소식이 거짓말 같았어.

"넌 오늘 얼굴? 난 어제 정강이."

상처 부위를 논하며 웃을 수 있는 언니 존재

---

[1] 빛을 전혀 지각하지 못할 정도로 시각에 장애가 있는 상태. 또는 그런 상태에 있는 사람.

가 큰 위로란다. 진심으로 나를 염려해 주고 칭찬해 주는 선배가 정기 검진을 앞두고 있어 누나가 깨방정을 한판 떨었네.

사랑하는 사람들이 그저 건강했으면 좋겠어. 타인의 눈을 징그럽게 의식하며 평소 무표정이다가 반짝 하이 텐션이 되는 누나 모습 강산이는 익숙하잖아.

네가 사람들 사이에서 차갑게 도도를 부리다가 누나랑 둘이 되면 배 보이며 뒹굴고, 껌 가지고 장난치고 했던 것과 비슷한 낯가림이랄까.

우리 둘은 너무 잘 알고 있는 서로의 가면이다. 그렇지?

강산아, 구름 위에서 누나 보고 있다가 어디 부딪힐라 치면 딱 한 번만 "멍!" 알려주면 안 되겠니?

보고 싶어.

박치기 한 번 오지게

쫑긋한 귀도 우람한 덩치도 촉촉한 코도 파도 같이 그리워.

벚꽃 내리는
날에

   강산아, 누나 사는 아파트, 벚꽃이 그렇게 아름답단다. 나는 알 수 없는 그림 같은 풍경을 매일 아침 활동지원사 님 눈을 통해 보는 거야.

   벚꽃이 흐드러졌던 그 길, 우리 카메라 장비 든 사람들과 촬영했었잖아. 남편 회사 사보 영상이었어.

   강산이, 형 기억하지? 시각장애인 여자와 결혼한 비장애인 남자.

촬영의 본래 목적은 안내견 탑승이 가능한 열차 홍보였지만, 조명은 형에게 쏟아진 감이 없지 않았어. 연인들의 데이트 명소로 유명한 벚꽃 터널 아래를 걷고, 영화의 한 장면처럼 호젓한 기찻길도 나란히 걸었었지.

 프로 강산이는 카메라 감독 님이 주문하는 대로 모델 뺨치는 워킹 실력을 뽐냈어. 근사한 꼬리를 90도로 세우고, 엉덩이를 살랑살랑 가볍게 걸어가는 자태라니.

 타인의 주목을 체질적으로 부담스러워하는 누니기 문제였어. 표정도 시선도 자연스럽지 않은 것 같고, 나의 장애를 세상 사람들 앞에 필요 이상 부각시키는 것 같고···.

 KTX가 개통되기 전 무궁화 열차를 타고 서울집에 오갈 때마다 강산이에게 무임으로 인도견 좌석을 제공하는 철도 덕을 우리가 톡톡히 봤었구나. 덜컹거리는 기차 좌석 밑에 엎드려 없는 듯 고요했다가 누나가 내리자고 하면 길게 기지

개를 켰던 우리 순둥이 털북숭이.

 승무원 언니들이며 승객들 강산이 덩치에 한 번 놀라고, 미모에 한 번, 절도 있는 안내 스킬에 감탄하는 것이 보통 수순이었어. 때로는 털 날린다고 면전에서 송곳 같은 핀잔을 듣기도 했지.

 누나 '특수'라는 세계에 사는 사람이잖아. 본의 아니게 특별해진 내 사랑, 카메라 앵글에 담겼던 우리의 봄날이 이젠 꿈결 같아.

신입을 부탁해

강산아, 오늘은 예기치 않은 장례식에 다녀왔어. 기억나니? 누나 결혼식에서 신부 입장할 때 우렁차게 "아아, 성은이 예쁘다." 소리쳤던 기분 좋은 목소리. 어디서든 "허허허" 참 잘 웃었는데….

아무도 웃을 수 없었던 누나 결혼식, 그 무거운 공기를 뚫고 내 귀에 박힌 그 목소리가 유독 고마웠었거든. 그 목소리 주인공이 갑자기 하늘로 떠난 거야.

머리가 아프다고 했었대. 직장에서 스트레스를 많이 받았지만, 쓰러지기 전날까지 동료들과 즐겁게 소주 한잔 기울인 지극히 평범한 퇴근이었다고. 50년도 채 못 살고, 허망하게 가버렸어.

누나가 지방에 사느라고 중고등학교 동기들을 못 보고 산 지가 근 30년이 되어가잖니. 슬픈 장례식장에서 그 옛날 학창 시절, 같은 추억을 공유한 어른 우리가 인사를 나눴어.

반가운데 낯설고, 어색한데 편안한 손길들이 서로를 안내했지. 누나는 전혀 볼 수 없으니 그들의 늙은 얼굴을 알 길이 없잖아. 목소리에는 주름이 없으니까.

내 얼굴에 내려앉은 세월만 어린 동무들 앞에 낱낱이 들켜버린 것 같아서 괜스레 맥주잔만 만지작거렸네.

갑작스러운 부고에 가족들 상심이 이만저만이 아니셨을 텐데, 오랜만에 만나는 동기들이 인사를 나누며 웃고 떠드는 양이 누나는 못내 조심스러웠어. 눈 감고 사는 우리들에게 소리가 없는 얼굴은 없는 것과 같다 보니, 무심결에 결례를 범한 건 아닌지.

더 큰 사고는 글쎄 누나 겉옷이 밝디 밝은 미색이었다는 사실. 나름은 양말까지 검은색으로 찾아 신고 나선 걸음이었는데, 매일 입고 다니면서도 그 카디건이 어두운 톤인 줄 알았던 거야. 장례식장을 나설 때까지도 나만 모르고 있었구나. 조문이라도 겉옷 벗고 했다면 덜 미안했을 텐데….

햇살이 눈부신 새봄에 친구가 하늘로 간다. 강산아, 그곳에서 누나 친구 만나거든 아는 척 한 번 해줄래? 워낙 사교성 좋은 인사라 낯선 곳에 가서도 "허허허" 잘 웃을 거야.

풍채 좋고 하이 텐션 신입이면, 100퍼센트 그 친구이니 꼭 챙겨주라.

조그라미 손잡고
봄을 만졌어

개복숭아꽃이 튤립이 꽃잔디가 마냥 어여뻤어. 연초록 잎들이 파릇파릇 새순을 틔우고.

강산이 조그라미 누나 기억나지?
맞아. 그때 그 호텔 사건.
누나 결혼할 때 부케도 받았었잖아.

불같은 성격?
암만. 살아 있지.

소심한 누나는 우리 강산이 출입 거부당할 때

마다 싸우기는커녕 큰소리 한 번을 못 내봤는데, 친구는 달라도 너무 달랐던 거야.

 사실 누나 그날, '사과'라는 걸 처음 받아봤다. 순전히 조그라미 말발 덕이었지. 강산이도 그 저녁, 미스 파이터가 멋져 보였니?

 누나들은 나란히 40대 중반이 되어 있어. 이제 만나면 서로의 건강부터 체크해. 어제는 글쎄 조그라미 씨가 김치볶음밥이며 한입 채소들을 예쁜 도시락에 담아 누나를 마중 나온 거 있지. 수서역 잔디 광장에 앉아서 근사한 점심 피크닉을 즐겼어.

 쇼핑도 했지. 옷 취향까지 닮은 우리라서 똑같은 옷을 더러 사게 돼. 출근 룩, 행사 룩, 동네 마트 룩에 도서관 룩까지, 설명도 얼마나 차지게 하는지 몰라.

 맥없이 허리 둘레가 늘어도 먹는 데 진심인 누나들은 도저히 이 꿀맛을 포기할 수가 없구

나. 두루치기나 삼겹살, 베이글에 커피, 마늘 보쌈 기본 깔고 파전에 막걸리 한잔 걸치면 움직이지 않고는 못 배기는 지경에 이르러요.

　조그라미가 인도하는 대로 한강 둑길을 걸었어. 해 질 녘, 한적한 봄을 누나가 가진 거야.

　친구 팔꿈치를 잡고 걷다가 손을 놓고 가는데, 너무 편하고 좋더라. 시골 맹인의 코와 귀가 활짝 열렸지.

　우리 강산이 떠나고 실로 간만에 누려본 호젓한 걸음걸음이었네.

조그라미 손잡고 봄을 만졌어

목소리는
없어도

'떡볶이'를 소재로 글짓기를 했어.

소설 《당신의 떡볶이로부터》에 수록된 김동식 작가의 단편 〈깁떡볶이의 비밀〉을 새미있게 읽은 다음 각자 경험을 써보기로 한 거야. 여학생 셋은 평소에도 재잘재잘이니, 하고 싶은 말을 그대로 글로 옮기면 아주 어렵지 않을 것 같았어.

전맹 학생은 점자로, 저시력 학생들은 누나가 준비한 노트에 글을 쓰기 시작했지. 그런데 그 학급에 목소리 없는 남학생이 한 명 있잖니. 사실 소리로 존재를 가늠하는 누나로서는 그 학생과 소통하는 것이 쉽지 않았어. 학생과 소위 라포르를 형성해야 학습 수준도 파악하고, 수업 진행이 매끄러울 수 있는데.

 엄마와는 말도 잘한다는 풍문을 듣긴 했다만, 교실에서는 목소리를 들은 사람이 없으니. 음성언어를 쓰지 않는 친구와의 의사소통을 위해 근로지원인을 대동하고 수업에 들어가 필담을 나눠 보기도 했어.

 타 객체가 서로 소통함에 있어 비언어적인 요소들이 얼마나 큰 비중을 차지하는지 강산이는 잘 알 거야. 다름 아닌 너랑 내가 그랬으니까.

 우리 둘 가감 없이 서로를 알았고 이해했고 소통했잖아. 말하지 않아도 상대가 나에게 갖는 감정과 분위기는 느낌적인 느낌이면 충분하지.

 그 학생과 친해지는 것도 비슷했어. 먹는 데 진심인 선생님이 먼저 음료를 건넸고, 목소리 없는 친구는 매우 반가운 손짓으로 그것을 받아 달게 마셔버린 거야.

잘 듣는데 발화에 어려움 있는 남학생과의 소통법을 궁리한 끝에 박수치기로 우리만의 사인을 만들었어. '네'는 박수 한 번, '아니요'는 박수 두 번 치는 걸로. 더디긴 하지만 그럭저럭 대화가 가능하구나.

종이를 주긴 했지만, 솔직히 그가 글을 쓸 줄은 예상 못 했어. 근로지원인 눈을 빌려 학생들이 쓴 글을 검사하다가 제대로 깜짝 놀랐지 뭐야. 제법 여러 줄을 썼더라고. 가지런한 문상으로 자기의 존재를 증명한 거야.

사각사각 글씨 쓰는 소리, 연필 깎는 소리, 교실 뒤에 있는 사물함에 왔다 갔다 물건 챙기는 소리, 책장 넘기는 소리….

앞으로도 친구의 일거수일투족을 귀로 쫓아보려 해.

웃는
표정이라서

　어디를 가도 꼭 있었어.
　심지어 외국인도 형에게 길을 묻더라니까.
　신기하다고만 생각했었거든.

　왜 사람들은 그 많고 많은 얼굴 중에 하필 이 사람을 지목해서 길을 물을까? '문지기처럼 생겼나? 듣자 하니 썩 잘생긴 얼굴은 아닌 것 같던데.'

　오늘사 해답을 찾은 거야.
　누나 학교에서 이미지 메이킹 특강을 들었는

데, 강사가 드는 예시가 딱 맞더라고.

'웃는 표정이라서 사람들이 쉽게 길을 물을 수 있었나 보구나. 참 밝은 사람인데…. 밖에서는 만면에 웃음꽃인 남자가 왜 집에만 들어오면 짜증, 지적, 트집, 무차별 폭격이신지? 요즘은 이 게으름뱅이도 신발 정리 신경 써서 하는데….'

사춘기 유주는 어머니가 몇 마디 할라 치면 날래게 방문을 걸어 잠그고, 갱년기 형은 형대로 폭주시다. 강산이가 저 문 안에 들어앉은 잘난 마님 표정 한 번 뵈주지 않을래? 딥딥힐 뿐이구나.

사람 음성에도 온도가 있더라. 귀살이에 코살이까지 이골이 난 맹인 축으로는 얼굴 표정 못지않게 목소리가 숨길 수 없는 감정의 '배수로'더라는 거지. 온몸의 촉수를 곤두세워 봐도 비언어 정보는 내게 하등 '그림의 떡'일 때가 많구나.

'유주! 예쁘거나 아니거나, 울거나 웃거나, 소리치거나 예의 바르거나…. 만 개의 그 얼굴.'

누나의 무조건이네.
보고 있어도 보고 싶은, 단 '하나'라서.

웃는 표정이라서

생일
축하해

강산이 미역국은 먹었어?

3월 12일, 오늘 우리 강산이 귀 빠진 날이잖아.

누나 만나기 전에 강산이는 삼성안내견학교에서 태어났대. 보송보송 털이 나고, 팔과 다리가 길어지고, 기깔 난 인물이 예사롭지 않은 차도남의 탄생이었다. 안내견이 되기 위해 꼬마 강산이는 빨간 망토를 입고 일반 가정에 분양되어 일 년 동안 사회화 훈련을 받았어.

그때 강산이에게 폭풍 사랑 쏟아 주셨던 엄마, 아빠, 그리고 형아들 기억하지? 명품 사랑으로 우리 강산이 늠름한 안내견 되게 키워 주셨구나.

우리 강산이, 사회화 과정을 마친 다음부터는 혹독한 안내견 훈련 모드에 진입한 거야. 맛있는 냄새 속을 결연하게 통과하고, 다른 멍멍이들 접근에도 흔들림 없이 오직 주인의 안전 안내에만 집중해야 하는 고난이도 보행. 어디 그뿐이니.

"계단 찾아, 문 찾아, 머얼리(도롯가에서 왼쪽으로 붙을 때), 건널목 찾아, 똑바로 앉아, 엎드려, 기다려" 등등 챙겨 들어야 할 명령어도 한둘이 아니었잖아.

사정없이 명석한 녀석. 대학 입시를 방불케 하는 경쟁률 센 안내견 선발 시험에 당당히 합격해 버린 거야. 어디든 주인이 가는 곳이라면 법적으로 동행이 가능한 공인된 정식 안내견으

생일 축하해

로 다시 태어난 거지.

 한편 대학 졸업을 앞둔 누나. 취업이 확정되기는 했는데, 그야말로 앞이 캄캄하더라. 사실 3학년 때부터 안내견 사용에 대해 고민했었어. 그런데 누나가 멍멍이 옆에도 못 가는 사람이다 보니 도저히 엄두가 안 나는 거야. 한 번 보류했는데, 낯선 지방에 혼자 터 잡을 생각을 하니 용기를 내지 않을 수 없더라고.

 비장하게 마음을 먹고 또 먹은 다음 안내견학교에 입장, 너를 처음 만난 거야.

 1월의 어느 멋진 날이었어. 우리 둘 운명적인 만남이 성사된 그날. 사실 누나 처음에는 강산이 네 그 우람한 덩치가 얼마나 무서웠는지 몰라. 반갑다고 뛰는 건데 괜히 뒷걸음질 치고, 강산이 동작 하나에 깜짝깜짝 소스라치고.

 솔직히 누나 첫인상 별로였다고?
 암만. 그때만 해도 누나가 너의 매력을 미처

알 수 없었잖니.

 우리 강산이 첫 생일 기억나네. 사료 외에는 아무것도 먹을 수 없다는 수칙 때문에 생일에도 별다른 간식 하나 없이 메마른 밥그릇만 핥았잖아.

 특별한 이벤트는 없었어도 우리 강산이가 태어난 3월 12일은 누나에게 더없이 소중한 기념일이야.

 하늘에서는 케이크도 잔칫상도 푸짐하게 누리길 바라.

생일 축하해

택시 기사로
살아 봤으면

모처럼 독서에 집중한 주말이었어.

《나는 지방대 시간 강사다》와 《대리사회》 등을 쓴 김민섭 작가의 책을 읽었단다. 《당신은 제법 쓸 만한 사람: 무엇을 하든 그 이상을 하는 작가 생활의 모든 것》. 제목이 조금 길지? 쓰고 있는 사람이면 누구나 작가라고 했어.

강원도 강릉에 작은 서점을 열었다고 해. 김동식 작가를 섭외해 이틀 동안 개업 이벤트를 했다는데, 누나는 그저 그 현장에 있는 모든 이들이 부럽기만 하구나.

강릉 그 꿈의 공간, 누나도 가보고 싶어. 안 그래도 요즘 바다가 고팠는데…. 바로 옆에 한옥 스테이도 가능하다니 당장이라도 그냥 막 달려가고 싶은 거 있지.

 누나는 오늘도 장애인 콜택시를 타고 교회만 다녀왔어. 하루 종일 집 안에 머물면서 책 보다가 깜빡 졸기도 하고, 저녁에는 러닝에 올라 간신히 7000보 걸은, 느슨한 일요일이었네.

 요즈음 유독 푸르른 바다 생각이 간절하구나. 누나도 운전할 수 있으면 앞뒤 없이 혼자서 훌쩍 떠날 수 있을 텐데. 다음 생이 있다면… 택시 기사로 살아 봐야겠다.

 운전석에는 학교에서 단체로 견학 갔던 '119 안전체험관'에서 자동차 전복 사고 체험할 때 한 번 앉아 봤어요. 조수석에 탄 여학생은 비명을 지르며 우는데, 난 웃음만 나오더라니까. 심장이 살짝 쫄깃하긴 했지.

택시 기사로 살아 봤으면

강산아, 누나의 글쓰기도 더 넓은 세계로 연결, 지속, 확장되면 좋겠다. 그리하여 이 쓰기의 쓸모를 관념 아닌 실제로 감각하고 싶어.

 응원해 줄래?

하고 싶은 것과
할 수 없는 것

　강산아, 누나 수필 수업 다시 시작한 거 말했나? 오늘은 친정 식구 같은 문우 님들과 둘러앉아 수필을 공부했어. 더 좋은 글을 짓고 싶은 갈망으로 퇴근 후에 모인 우리들은 유치원생들처럼 선생님 말씀에 귀 기울였지.

　"끝까지 몰입도 있게 독자를 끌고 갈 수 있다면 분량은 상관없느니라. 함축과 절제의 미를 살려야 하느니라. 명확한 주제를 잡은 다음 그것을 중심으로 너무 되지도 질지도 않도록 짓는 글밥이 진수니라."

"예술의 뿌리는 하나. 카메라 앵글에도 너무 많은 것을 담으려고 하면 오히려 피사체가 흐려지는 것과 같나니 문장과 문단을 가지런하게 단장하는 퇴고가 글의 완성도를 높이느니라."

열심히 들으면 지식은 흡수할 수 있거든. 그런데 써놓고 보면 마당 쓸기처럼 끝도 없이 오탈자가 나와. 주제는 흩어지고, 어딘가 붕어빵 틀에서 찍어낸 듯한 식상함을 감지하고 보면 별수 없이 스스로에게 질리고 마는 거야. 참신한 글감을 경쾌한 문체로 옹골지게 엮어내고 싶으나, 늘 그렇듯 '하고 싶은 것'과 '할 수 있는 것' 사이 간극은 멀기만 하구나.

참! 강산아, 소심한 누나가 용기 내어 정남 성우 님께 감사 인사 전했어. 장애인 등록을 하고 녹음 도서를 듣기 시작했던 초등학생 시절부터 소리 잡지에서 성우 님 목소리를 들었잖아.

〈리더스다이제스트〉 〈샘터〉 〈소비자시대〉 등으로 구성된 월간 소리 잡지 테이프가 배달되면 반갑게 듣고 주소 카드를 뒤집어 다시 빨간 우체통에 넣었어. 그렇게 하면 점자도서관에 반납 처리가 됐었거든.

그때 그 목소리가 글쎄 오늘날 누나가 쓴 점자도서관 기획 연재 수필 음성 파일을 낭독해 주시지 않았겠어? 누나 원고를 녹음해 주시는 성우 님 목소리가 매번 달랐는데, 정남 선생님 녹음본을 받고서는 만감이 교차하더라고.

아름다운 님들 선행이 우매한 이 맹인의 편협한 사고 지평을 확장시키는구나.

'하고 싶은 것'이 있음에, '할 수 있는 것'이 있음에 감사할게. '할 수 없는 것'에 연연할 시간에 '하고 싶은 것'을 하나 더 가져 보려고 해.

눈에 좋은
당근

 곡성 섬진강기차마을로 현장 체험학습을 다녀왔어. 우리 학교 만학도들의 표정이 날씨만큼이나 화창했다는구나.

 초중등 학생들은 학생들대로 놀이기구 원 없이 타고…. 열정적인 선생님들 수고에 힘입어 맹학생들 어깨가 펴진 날이야.

 친절한 근로지원인 도움으로 모처럼 한낮에 산책을 했어. 영산홍이며 붓꽃이 만발이라더라. 장미는 아직인데, 성미 급한 한 송이가 거짓말처럼 활짝 피었더라고. 증기기관차에 앉아 옛날 생각하며 섬진강 풍경을 감상하는 재미도 맛봤어.

가는 길에 심청한옥마을이 있다 해서 한바탕 웃었네.

"저기 인당수도 있나?"
"김성은 선생님은 빠져도 소용없어."
"그러게. 아이고 쓸모없는 지고."

이거 우리식 농담이잖아.
깅산이는 일지?

누나 조그라미랑 밥 먹을 때 말이야.
"친구야, 당근 많이 먹어라. 눈에 좋다 아이가."

시각장애 동료들과 회의하다가 누가 잘못 들으면,
"어허 큰일일세. 그러다 헬렌 켈러 되시는 거

아니오?"

 언젠가 형이랑 은행을 갔어. 누나는 창구 앞 소파에 앉아 기다리고, 형이 누나 명의로 된 통장 관련 업무를 처리했거든. 직원이 본인이 직접 서명해야 한다고 했더니, 1초도 망설임 없이… "아, 아내가 글을 몰라요."

 그날, 누나가 형 몇 대 때려 줬는데, 너 봤니?

 솔직히 누나 취향은 증기기관차보다 레일바이크인데, 뙤약볕에 노동을 택하는 사람이 아무도 없었던 거야. 강산이도 공놀이 같은 건 아예 관심 없었잖아. 누나가 프리런 하라고 목줄이며 하네스 다 풀어줘도 한 발짝 떼지도 않고. 누가 새침데기 아니랄까 봐서.

 '비둘기호' 시절을 아는 학생들과 즐거운 나들이. 그야말로 소풍이었소.

눈에 좋은 당근

선한 영향력을
배웠어

두 번째 수필 수업도 행복했어.

비가 내렸고, 장애인 콜택시 사전 예약에도 실패했지만, 그럼에도 불구하고 나는 가야 했거든.

퇴근하는 착한 동료에게 카풀을 요청했어. 메뚜기콜이라도 시도해 보려고. 동선과 상관없이 장애인 콜택시 배차가 용이한 인접 도시까지 이동한 다음 즉시 콜을 부르는 거지. 길바닥에 우두커니 서 있는 수고를 불사하고라도 출석하고 싶었으니까.

흰 지팡이 잡고 우산 쓰는 것이 번거로워 누나 웬만하면 우산 잘 안 챙겨 다니잖아. 열심히 통밥을 굴려서 여느 때보다 살짝 이르게 장애인 콜택시를 접수했어. 빗길이라서 교통난이 있을 걸로 예상한 거지.

 대기자가 제법 있어 적어도 차가 먼저 오는 일은 없겠다 싶었는데, 웬걸. 늘 그렇듯 콜택시는 내가 여유 있게 기다릴 수 있을 때 빨리 잡혀. 1분 1분이 고역스러울 때는 용케도 늦으면서.

 운전하는 동료에게 폐 끼치기 싫어 조바심치는 마음을 내색할 수 없었어. 빠듯하게 달려도 기사 님이 기다려야 할 것 같더라고.

 "기사 님, 죄송해요. 지금 차로 이동하고 있거든요. 10분만 기다려 주시면 안 될까요?"

 그쪽도 운행 규칙이 있으니, 센터로 문의하고, 다시 센터에서 전화를 주신 거야. 또 통사정했지.

"곧 갈 수 있어요. 조금만 기다려 주시면 안 될까요?"

조수석에 앉은 내가 여기저기 읍소하니 운전대 잡은 사람은 얼마나 불안했겠니. 그런데도 내 곁에 동료는 신호가 없는 도로를 찾아 최선으로 달려준 거야. 누나가 다년간 메뚜기콜 경력을 쌓아 왔어도 오늘처럼 극적인 승차는 또 처음이었다.

기사 님 먼저 도착해서 기다리고, 누나 차에서 내리자마자 쫓기듯 환승 성공! 매번 그 대로변에 서서 20~30분은 기본으로 기다려야 겨우 택시에 오를 수 있었는데…. 마침 또 그곳이 초등학교 앞이라 주차할 곳도 마땅치가 않았나 봐.

"경비원이 와서 차 빼라는 통에… 그래도 내가 우리 성은 씨 태워다 드려야지. 비도 오는데…."

"기사 님, 진짜 너무너무 감사해요. 저 오늘 이 차 못 탔으면 여기서 꼼짝없이 비 맞고 기다려야 했거든요."
"자 박수!"

기사 님 박수 치는 바람에 한바탕 같이 박장대소를 했네.

"나 이 일 이제 막 시작했어요. 원래 카카오 택시 했었거든. 사실 그것보다 이쪽 수입이 턱없이 적어요. 그래도 참 좋더라고. 뿌듯하고 기분도 좋고."
"일하면서 힘든 점은 없으세요?"
"아이고, 난 우리 탑승자 분들 다 내 가족이라고 생각해요. 불편하신데 열심히 사시잖아. 우리 성은 씨 내가 꼭 태워 드려야 할 것 같아서 센터에다 조금 기다린다고 했어요. 목소리가 너무 밝아서…"
"완전 감사해요."
"다음에도 태워 드릴게."

선한 영향력을 배웠어

기사 님 덕분에 수업 시간보다 무려 50분이나 이르게 글방에 도착한 거 있지. 살면서 받게 되는 선의는 주는 선의가 될 때 비로소 완결된다고 생각해.

강산이 네 생각도 그렇다고?

때로는 비공개여도 좋을…

 오늘은 1차 고사 마지막 날이야.
 성인 학생들이 맹학교 들어와서 첫 시험을 치렀어. 볼 수 없으니 시험지를 읽을 수도 답안지를 작성할 수도 없잖아. 촉각 문자인 점자는 이제 두세 음절 단어를 간신히 해독하는 정도고.

 이것도 열심히 하는 모범생들이라 가능해요. 점자도 일반 활자도 접근이 안 되는 성인 학생들은, 그래서 대필, 대독 도움이 필요해.

 누나 대학 다닐 때 시험 기간이면 대필자 구

하느라 고생했었는데…. 학과 사무실 게시판에 대필 봉사자 구인 광고를 써놓기도 했고, 친구들이며 선배들이 참 많이 도와 주셨어. 조그라미 누나도 한몫했었지.

그 시절, 누나도 사람 아니고 기계로 시험 칠 수 있었다면 풍신난 내 에너지를 시험 치는 데에만 집중할 수 있었을 텐데…. 적어도 기계 앞에서 민망하거나 창피해질 일은 없었을 테니까.

성적표야 혼자 확인하면 그만이지만 모르는 문제 앞에서 당황하는 내 꼴을 누군가 낱낱이 구경한다고 생각해봐. 이불킥이 문제가 아니에요.

그 눈동자 생각해서 공부 열심히 했으면 됐지 않냐고? 그러게나 말이다. 요즘 장애 대학생들은 학습·생활도우미가 필요에 따라 각각 한 명씩 붙는다더라. 누나 직장에서 근로지원인 도움 받는 것과 같은 맥락의 복지 시스템이지. 얼마나 감사한 제도니.

우리 1학년 만학도들이 처음으로 대독, 대필로 시험 치는 모습, 곁에서 보고 있자니, 너무 짠한 거야. 엄숙한 공기 속에 타인이 읽어주는 문제 듣고 서술형을 말로 풀 때 그 뻘쭘함이라. 느낌 아니까.

  객관식 문항의 경우 보기가 길면 반복해서 읽어달라기 미안해서 대충 넘기게 되기도 해요. 국가고시는 그래서 문제지와 음성 파일을 같이 제공해 준단다. 누나가 수능 칠 때는 카세트 테이프였구나.

  시험에서 해방된 기쁜 날, 독립 보행이 가능한 저시력 학생들은 점심 식사가 끝나자마자 가벼운 발걸음으로 교문을 벗어났어. 그런데 혼자 움직일 수 없는 전맹 학생들은 하고 스쿨버스가 나가는 시간까지 얌전히 기다릴밖에.

  남은 학생들 안마 연습도 하고, 빈 교실에 모여 앉아 두런두런 이야기꽃을 피웠단다.

때로는 비공개여도 좋을…

"흰 지팡이는 꼭 지니고 다녀야 한다더라."
"옆에 서 있는 사람이 와이프인 줄도 모르고 공손히 인사를 했다더라."
"생명공학이 발달하고 AI 기술이 진화하다 보면 눈 뜰 날도 오지 않겠느냐."

'소리 없는 눈이 나를 구경하고 있을지 모른다는 찜찜한 부담만 덜어낼 수 있어도….'

누나 눈은 타인을 구경할 수 없으니 아무래도 불공평한 게임이잖아. 사생활 보호에 취약한 시각장애인의 비자발적 공개형 인생이구나.

《좀머 씨 이야기》를 읽었어

오늘은 온라인 독서 토론이 있는 날이야.
 점자도서관에서 주최하는 프로그램인데, 온라인으로 그것도 저녁 시간에 이루어지니 지방에 사는 누나도 참가가 가능해.

 토론 도서는 파트리크 쥐스킨트가 쓴 《좀머 씨 이야기》였어. 《태어나서 죄송합니다》 《1천권 독서법》 등을 쓴 전안나 작가가 진행하는 프로그램이란다.

 토론 질문지의 질문 하나. "주인공은 좀머 씨

가 호수로 들어가는 모습을 가만히 지켜봅니다. 2주가 지나 마을 사람들이 실종 신고를 하고 여러 추측을 하는 것을 보면서도 좀머 씨가 호수로 들어간 것을 말하지 않는데요, 여러분들은 주인공의 이런 행동에 동의하나요? 동의하기 어렵나요?"

 누나? 동의하기 어려웠지. 솔직히 좀머 씨에 대한 연민이나 인정이라기보다는 그 죽음을 목격하고도 묵과한 스스로를 평생 용서하지 못할 것 같아서. 다른 토론자들 답변 들어보니, 눈 감고 사는 우리들 고충 다 비슷한 모양인가 싶다.

 타인의 과잉 친절에 관한 논제가 이어졌어. 지하철 타고 이동하는 길, 서 있고 싶은 맹인 속내는 아랑곳없이 주변 사람들이 자리에 앉으라며 손을 잡아끄는 통에 본의 아니게 착석당한 일, 흰 지팡이 들고 멀쩡히 잘 가고 있는 맹인 팔 불쑥 잡고 안내를 해준답시고 엉뚱한 곳에 데려다 놓아 오히려 주행 방향 되찾느라 진땀 뺐던 경험 등 웃지 못할 사연들이 푸짐하구나. 나만 그런 줄 알았는데….

누나 대학 다닐 때 흰 지팡이 들고 학교 걸어 다녔잖아. 10분 남짓 직진으로 가면 되는 길, 햇살 좋은 시간이면 동네 할머니들이 길 양편으로 앉아 두런두런 마실을 즐기셨어요. 내가 지나가는 동선 따라 정말 하나같이 "쯧쯧 쯧쯧 쯧쯔…."

그러나저러나 나는 밤낮없이 책 읽고 글 쓰는 일 하면서 월급 받을 수 있으면 여한이 없겠구먼, 중학교 언니야들은 주말 내도록 유튜브만 보셨다고, 아는 작가 하나도 없다고, 원래 책 안 읽는다고 또박또박 대답도 자알 한다.

자정이 넘었어. 만보 찍었고, 독서 토론 참여했고, 설거지만 하면 끝.

강산이 잘 자.

《좀머 씨 이야기》를 읽었어

심청이상 수상자에게 축하를

근로지원인과 출장을 다녀왔어.

매년 5월이면 열리는 '심청이상 시상식 및 함께하는 가족한마당'. 시각장애인 부모를 둔 자녀 중 모범 학생을 선발하여 부상과 상장을 수여하는 행사야. 심청이상 수상자가 우리 졸업생 자녀일 때도 많더라고.

근데 강산아, 누나는 유주가 심청이처럼 자기를 버려 아버지 눈을 뜨게 하는 선택 따위는 결코 하지 않았으면 좋겠다. 그냥 넉넉하게 자기 삶을 누리고 즐겼으면 싶거든.

누나 방학 때 EBS 공부하다가 발견한 신박한 시 한 편이 있어. 제목은 〈배꼽을 위한 연가 5〉[2], 저자는 김승희.

"인당수에 빠질 수는 없습니다.
어머니,
저는 살아서 시를 짓겠습니다.
공양미 삼백 석을 구하지 못하여
당신이 평생을 어둡더라도
결코 인당수에 빠지지는 않겠습니다.
어머니,
저는 여기 남아 책을 보겠습니다.

(…)
그 대신 점자책을 사드리겠습니다.
어머니,
점자 읽는 법도 가르쳐 드리지요."

다소 도발적인 느낌이야. 맹인 어미는 이렇게

---

[2] 《왼손을 위한 협주곡》, 김승희, 문학사상사, 1983.

답하련다.

 딸아, 점자책은 내돈내산으로, 읽는 법은 맹학교에서 배우겠느니라. 인당수, 근처도 가지 말고, 주야로 책을 가까이하거라.

 오롯이 네 인생을 살며, 이 사회에 선한 영향력이 되어라. 건강한 선택, 행복한 몰입이면 충분하나니.

너 때문에
웃는다

 강산아, 요즘 여기 아랫동네는 〈선재 업고 튀어〉라는 드라마가 인기야. 누나는 아직 못 봤는데, 유주가 요란하게 초재기 하면서 본방에 재방까지 사수하는 통에 줄거리며 등장인물들 이름이며 스토리 전개를 거의 실시간으로 듣고 있어요.

 오늘은 아빠 축구하러 나가기만 기다렸다가 텔레비전에 들어갈 기세로 쥐 죽은 듯 조용히 시청에 몰두하시더니, 드라마가 끝나자마자 혼자 소리를 꽥꽥 지르며 남자 주연도 조연도 너무 잘생겼다고 아주 몸부림을 치는 거야.

 그러면서 하는 말이 왜 자기 주변에는 이렇게 잘생긴 사람이 하나도 없냐고 한탄을 하더라. 혼자서 북 치고 장구 치는 양을 재미지게 구경하다가 누나가 말했지.

 "가까이에 있잖아, 차."

 형 이름 기억해?
 유주 반응에 누나 완전 빵 터졌다.

 "이봐요. 눈 안 보인다고 아무 말이나 하시면 안 되지요."

여수
낮 바다

　작은누나랑 둘이서 단 열 시간 만에 여수에 다녀왔어. 서울에 사는 작은누나가 혼자서 기차를 타고 친정집에 놀러온 거야. 작은누나 눈 빠지게 검색한 끝에 간신히 두 좌석을 잡아 그 길로 출발. 내 동생 얼마나 바빴는지 기차에 앉고 나서야 "어, 역방향이네."

　20년이 넘도록 이용한 역이건만 입구에 커피 전문점이, 그것도 열차표가 있으면 10퍼센트 할인되는 이벤트가 있다는 사실을 나만 까맣게 몰랐구나. 작은누나랑 동행하니, 안내도우미를 신청할 것도 키오스크 앞에서 멈칫거리며 주변에 도움을 구걸할 일도 없었어.

전에 없이 아메리카노를 한잔 손에 들고 여수행 기차에 올랐어. 누나가 자주 이용하는 상행열차와는 사뭇 다르게 분위기가 흥겹더라. 주말이라서 더 그랬겠지만, 승객들 대부분이 등산객 혹은 여행객 같았어. 크게 웃는 소리며 담소하는 소리가 출렁거려도 이심전심 객실 분위기가 넉넉하더라고.

한 시간 40분 만에 여수에 닿았어. 시원한 바닷바람에 울창한 나무들이 거대한 그늘을 선사하는 섬 오동도 음악 분수가 햇빛을 발했지.

나무들이 하나같이 우람하더라. 언니 손 끌어다 '연리지' 둥치를 만지게 해주며 작은누나가 물었어. "이런 걸 1타 5피라고 하나?"

데크로 조성된 산책로는 명백한 유장애길. 계단도 많고 폭도 간격도 제멋대로인 것이 보호자

없이는 절대 접근 불가겠더라고. 안전만 확보된다면 하루 종일 걸어도 좋을, 푸르른 섬이었어.

시내 거리를 구경하는데 꼭 일본 유후인 느낌인 거야. 생초콜릿이며 딸기 찹쌀떡이 일본에서 맛본 간식이라서였을까? 계란김밥이며 갓김밥도 별미였어. 한낮 지열이 솟는 땅바닥을 걷고 있자니 여수 밤바다를, 낭만포차를 반드시 접수해야겠다는 투지가 샘솟더라고.

등대 앞에서 인증 사진 찍는 것으로 호로록 떠난 여수 여행 끝. 짧아도 너무 짧았어. 귀가하여 저녁을 먹었으니까.

누나에게 두 동생은 다름 아닌 '인공호흡기'.
작은누나는 언니 같고, 막내 누나는 동생 같은 평생 동무야.

여수 낮 바다

전생에 얼마나
큰 죄를 지었으면

일찍 퇴근했어.

다친 앞니가 또 말썽이어서 치과에 들렀거든. 한 시간 이상 설리는 치료라고 해서 예약만 잡고 돌아 나왔네.

강산아 기억나니? 우리 둘이 살 적에 새벽 DT(dog toilet, 안내견 배변 활동) 나가다가 누나 트럭에 정통으로 얼굴 부딪힌 적 있었잖아. 그때 망가진 앞니가 두고두고 속을 썩인다. 지금 생각해도 통행로를 완전히 막고 주차해둔 트럭 주인에게 분노가 치밀어. 차량 번호판이라도 볼 수 있었어야 신고를 하든 보상을 받든 했을 거 아니냐고.

 치료받으려고 치과 문이 닳도록 병원 다녔잖아. 그때 그 병원을 20년이 지난 지금도 가. 천사 같은 원장님이 누나도 강산이도 유주도 형도 다 엄청 잘 챙겨 주셨었는데….

 강산아, 누나랑 많이 닮은 꼴 맹인 언니 있잖아. 동종업에 종사하고 같은 병 진단받았고, 요령 없는 성격까지 비슷한….

 전화가 온 거야.

"아야, 너 맨홀에 빠져봤냐?"
"메메멘 홀? 뭔 일이야?"
"내가 오늘 정말 통곡을 했다. 아프기도 하고 창피하기도 하고 서럽기도 하고…. 인부들은 119 불러 말아 우왕좌왕이고, 사람들은 모여들고. 다행히 뼈는 괜찮다더라."

전생에 얼마나 큰 죄를 지었으면

도대체 전생에 얼마나 큰 죄를 지었길래 이런 꼴을 당한단 말이니. 남 일 같지가 않은 거지.

앞니가 부러져서 임플란트하고 그것도 모자라 주변 치아 깨져서 두고두고 병원 다니지를 않나, 멀쩡히 걷다가 뚜껑 열린 맨홀에 빠져 갈비뼈 다치고 발목 인대 늘어나서 흰 지팡이를 할머니 지팡이처럼 짚게 되지를 않나, 인도 정중앙에 떡하니 서 있는 킥보드에 얼굴 부딪혀서 안경이 부서지지를 않나, 지하철 플랫폼에서 철길로 떨어져 대퇴골 부러지고 머리 꿰매고….

주변 맹인들 오며 가며 부상당한 사건이 수없이 많구나. 그나마 이제 지하철역에는 스크린도어가 있어 우리 같은 사람들 다니기 한결 안전해졌어. 피나지 않고, 멍들지 않고, 찢어지지 않고 저무는 오늘에 감사해 볼게.

누나 이렇게 기도하고 싶은데, 안 되겠지?

"하나님 다친 맹인에게 와서 지팡이 잘 썼어

야지 말하는 사람들 눈 5분만 가려주세요."
 "2주 진단받았다는 선배 언니 후유증 없이 깨끗하게 나을 수 있게 도와주세요."

전생에 얼마나 큰 죄를 지었으면

치과는
이제 그만

오늘도 40분 조퇴하고 치과에 갔어.

입 벌리고 앞니 치료하는 데 꼬박 한 시간이 님세 걸리더라. 의사 선생님 마취 주사 솜씨도 가히 예술이었어. 목소리도 엄청 차분하시니 환자 입장에서 절로 안정감이 느껴지는 거야.

강산이랑 여기 처음 와서 아는 사람 아무도 없는 시절에 만난 간호사 선생님들이라서 그냥 특별한 친분 없어도 반갑고 정겨워. 겁쟁이 누나가 치과 의자에 누워 바짝 얼어 있을 때 손 뻗으면 닿을 곳에 네가 있어 줘서 얼마나 든든했는지 몰라. 그때는 우리 강산이가 명실상부 누나의 보호자였잖니. 안내견을 환대해준 병원 식구들 덕분에 더 마음 편히 진료받을 수 있었어.

 우리 강산이는 양치하는 거 엄청 좋아했었는데. 치약을 어찌나 달게 삼켰는지…. 처음 안내견학교 입소해 강산이 양치시키는 것 배울 적에 누나 네 입을 손으로 잡기가 너무 겁이 났어. 감히 너의 그 크고 뾰족한 입안으로 칫솔 넣는 것이 엄두가 안 나더란 말이다. 몇 번은 훈련사 선생님 도움을 받았는데, 매번 그럴 수는 없잖아.

 보행 훈련이 거듭되고, 강산이의 거짓말 같은 안내 실력에 빠져들면서 이 겁쟁이 마음이 봄눈 녹듯 풀린 거야. 강산이 매력에 중독되고 보니까 너의 입속 아니라 어디라도 상관이 없어지더라니까.

 그때부터였어. 강아지 냄새도 털도 누나 감각 영역 밖으로 밀려난 것이. 비가 오나 눈이 오나 우리 강산이 배변 시간 엄수가 인생 최대 과제

치과는 이제 그만

가 된 것이. 똥도 눈곱도 예쁘기만 하더라.

 아침 6시면 무슨 일이 있어도 벌떡 일어나 강산이 밥 주고, 여름이건 겨울이건 곧바로 밖으로 나가 배변하고, 그루밍시키는 매일의 루틴이 하나도 힘들지 않았어. 강산이가 이 게으르고 겁 많은 누나를 완전히 변화시킨 거야.

 살살 잠이 쏟아지면서 귀찮음이 몰려오는구나. 우리 양치 도사 생각하며 누나 신명 나게 양치해야겠다.

안 하고
싶어도

"조그라미야, 금요일이다. 난 오늘 학생 모집 출장. 진짜 내 적성 아님."
"하하하, 그거 딱 내 적성인데, 역시 우린 붙어 있어야 할 팔자. 파이팅!"

2교시 마치고 인근 지역 주민센터로 학생 모집 홍보 출장을 나갔어. 근로지원인이 계셔서 이동은 물론 화장실까지 해결할 수 있는 복된 여건이 됐지. 빠듯한 일정, 울며 겨자 먹기로 학교를 나섰어.

사회생활이라는 것, 하기 싫은 일도 웃는 낯으로 소화할 수 있어야 하는 거잖아. 진작부터 지방 대학들은 교수들이 학생 유치를 위해 직접 출장 다니는 것이 다반사거든. 누나 학교 경우는 살짝 색깔이 다르긴 하지만.

우리 학교를 몰라서 못 오는 시각장애인이 있으면 안 되니까. 장애 판정받고 암울하게 칩거하는 청장년들에게 정보가 닿을 수 있도록 담당 공무원을 만나는 거야. 장애인복지 담당자들이 대부분 시각장애 특수학교 교육과정을 모르거든.

사실 알 도리가 없지. 개인적으로 특별한 관심이 있지 않는 한 중도 실명한 성인들이 직업과 재활교육을 받을 수 있는 교육기관이 있다는 걸 어찌 알겠어. 우리 학교에 입학하는 어른 학생들이 하나같이 입 모아 하는 말이야.

"진작에 알았으면 내 인생 더 빨리 달라졌을 텐데…."

성인 학생 중에는 부모가 많아. 엄마 학생은 안마 실습하면서 받은 음료와 간식을 아이들 갖다 준다고 챙겨. 아빠 학생은 자녀들에게 다시 용돈 줄 수 있는 가장일 수 있게 해줘서 고맙다고.

정확히 17명 담당자를 대면했어. 누나 낯가림 심하잖아. 몇 년 전에 처음 출장 나갔을 때는 정말 진땀이 나더라고. 그런데 횟수가 거듭될수록 이것도 이력이 붙나봐. 명찰을 목에 걸고서 꼭 전달해야 할 키워드 네 개를 머릿속에 입력한 다음 간결하게 설명했어. '취업' '안마사 자격증' '통학버스' '무상교육'.

그래도 담당자들이 제법 귀 기울여 듣더라고. 종종 질문도 받았어. 적어도 영혼 없는 일방통행 아닌 것에 만족해.

예기치 않게 시각장애인이 되어 절망하는 이들에게 선택의 여지는 있어야 한다는 일념으로 주어진 업무를 부지런히 수행했어. 근로지원인

안 하고 싶어도

계속 운전하고 이 맹인 안내하느라 힘드셨을 텐데, 친절한 목소리가 한결같으시구나.

나로서는 성의를 다해 뿌린 씨앗이야.
부디 의미 있는 열매 맺기를.

2부

강산아,
거기도 많이 더워?

날아라
강산이

"사람들이 아가씨는 안 보고, 강아지만 봐요."

공항에서 안내를 해주시던 직원 분이 웃으며 말했어. 비행기 가장 앞 좌석에 우리 나란히 앉았잖아. 육지 대학을 졸업하고서 섬 특수교사가 된 친구를 만나러 떠난 여행이었어. 너랑 둘이서 날아가는 데에 어떤 망설임도 두려움도 없었단다.

승무원 분들이 강산이를 반겨 주었어. 있는지 없는지조차 모르게 조용히 엎드려 있는 강산이를 신기하고 기특하게 바라보며 호들갑스럽지 않게 감탄하는 거야. 세련된 환대가 무척 고맙고 신선했어. 제주국제공항에는 대학생 때부터 폼나게 자차를 운전했던 친구가 우리를 마중 나와 있었어.

　친구가 운전하는 차로 편하게 이동하니 그 뙤약볕에 우리 걸을 일도 별로 없었지. 누나 친구와 묵은 정담을 나누며 맛있는 똥돼지고기 먹는데, 우리 강산이는 먼 길 여행지에서도 고작 껌과 막대기 모양 간식이 전부였어.

　줄곧 가지고 놀았던 껌이랑 반려견들 먹는 길쭉하게 생긴 간식 몇 개가 강산이가 누릴 수 있는 호사였으니, 그것을 평소보다 몇 개 더 주는 정도로 인심 쓰는 것이 누나로서는 최선이었구나.

　당시에는 누나도 그녀도 미혼이었던 만큼 서로의 연인과 '결혼'이라는 것을 할지 말지 치열하게 고민하던 시기였고, 그에 관해서라면 몇

날 며칠 밤을 새우고도 할 얘기에 남음이 있었어요.

관광 명소보다는 맛집과 카페를 주로 다녔잖아. 날 덥고 눅눅하니 우리 둘 그토록 즐기던 산책은 엄두도 나지 않았어. 친구 집에 두 밤을 묵는 동안 방문했던 제주 식당에서는 우리들의 출입을 거부하는 곳이 단 한 곳도 없었단다. 육지에서 하루가 멀다 하고 겪는 불편한 절차 없이 하이패스처럼 통과하는 식당과 카페에 앉아 갓 취업한 두 여자가 말하고 말하고, 웃다가 땅이 꺼져라 같이 한숨을 쉬기도 했구나.

제주도에서도 영락없이 강산이 DT 시간은 돌아왔어. 한낮 작렬하는 태양 아래 흙이나 잔디가 있는 DT 장소를 물색하려니 더워도 더워도 걷지 않을 수 없잖아. 아스팔트 길이 뜨거웠는지 강산이가 차에서 내리자마자 "끼이잉" 애기 소리를 내는 거야. 처음이자 마지막이었다. 우리 강산이 그 우람한 덩치가 고로코롬 귀여운 목소리를 낸 것이. 병원 갔을 때도 너 그런 소리는 낸 적 없었잖아.

 일행이 있을 때는 귀여운 아가가 되고, 일행 없이 우리 둘일 때는 각 잡고 앞장 서서 나를 안내해준 너였으니 사랑하지 않을 수 있냐고. 강산이와 함께라서 제주도를 마치 옆집 놀러가듯 가볍게 다녀올 수 있었어.

 스무 해가 흘렀어도 푸르르게 남아 있는 내 여름날의 한 페이지란다.

날아라 강산이

넝쿨째 굴러온
부안 바닷가

 아, 기다리고 기다리던 연휴야.
 강산이는 오늘 뭐하고 놀았어? 누나는 활동 지원사 님 인도받아 부안 바닷가 구경을 다 다녀왔지 뭐니. 모처럼 휴일인데 지원사 님, 누나를 위해 시간을 내주신 거야.

 저녁 무렵 해넘이 명소를 찾았어. 오토 캠핑장이 해변에 있으니 가족 단위 피서객들이 벌써 북새통이더라고. 튜브를 타고, 드론을 날리고, 모래성을 쌓고, 조개를 캐고….

여름이 코앞에 와 있었어.

활동지원사 님과 뽕잎바지락죽을 먹었어. 맛있더라. 속이 편안하니 해장에도 좋겠더라고. 양파도 한 망 사고, 나무에 주렁주렁 매달린 오디 따서 맛보고, 다알리아 꽃송이도 만져봤어. 우리 지원사 님 꽃을 무척 좋아하시거든. 덕분에 국화 축제도 매해 내 손으로 즐겨.

그 가을 국화 앞에서처럼 오늘도 누나 모습을 사진에 담아 주셨단다.

나는 알 수 없는 내 얼굴.

지원사 님 선물해 주신 완벽한 오늘을 감사로 정의한다.

넝쿨째 굴러온 부안 바닷가

너도나도
견뎌낸 시간이 있어서

월 1회 즐거운 독서 토론이 있는 날이야.

오늘의 도서는 청예 작가가 쓴 《마음을 치료하는 당신만의 물망초 식당》. 토론지에 이런 질문이 있었어.

"이 책은 음식과 편식, 그리고 마음에 관한 내용을 담은 책입니다. 여러분들의 삶 속에서 음식과 관련된 기쁘거나 슬펐던 추억이 있으시다면 함께 이야기 나누어 주세요."

토론자 중 한 분의 '눈물 젖은 밥' 사연에 가

슴이 시큰했어. 전맹 여자 사람인데, 특수교사야. 교원 연수를 받는 대학에서 주말 내내 치킨 한 마리 시켜 버티다가 일요일 저녁이 되어 비로소 학교 식당에 식사를 하러 갔대. 지인들도 다 집에 가고, 혼자서 흰 지팡이 들고 식당을 찾았는데, 글쎄 이른 시각이어서 주방 조리사 님들이 국솥을 바닥에 내려놓고 있었다는 거지. 바닥에 있는 국솥을 알 도리가 있냐고. 다리를 정통으로 덴 거야.

조리사 님들 약 발라야 한다며 호들갑인데 당장 약을 바르러 가려 해도 도움 줄 사람 하나 없고, 우선은 밥을 먹어야겠더래. 그냥 됐다며 식판을 받아 자리에 앉았는데, 눈물을 펑펑 쏟았다고.

그렇게 한 끼를 먹었다는 거야. 남 일 같지 않기도 하고, 젊은 여자 사람인데 그 꿋꿋함이 대단하다 싶고. 혼자서 흰 지팡이 들고 학교 식당 찾아가는 거 뻘쭘해서 어렵게 들어간 대학을 결국 포기한 여자 후배들이 내 기억 속에 있어서.

너도나도 견뎌낸 시간이 있어서

너도나도 견뎌낸 시간이 있었기에 오늘의 우리가 있다는 걸 새삼 실감했단다. 대학 진학하는 우리 학생들 보니 요즘은 근로장학생 개념으로 도우미 제도가 활성화되어 있다고 해. 장애인 활동 지원·근로 인력 지원에 보조 공학기기, 교통약자 특별 수단 등등 누나를 살게 하는 착한 정책들이야.

고사리손으로

　한낮의 더위가 8월을 방불케 해.
　안마는 육체 노동이라서 더우면 학생들 반응이 즉각 나타나. 땀도 많이 흘리고. 선풍기와 에어컨을 동원하고, 시원한 음료며 얼음을 쟁여 두어도 사실 하루에 두 명 이상 시술하기 쉽지 않아. 우리 졸업생들도 그렇고 안마업종에서 일하는 지인들 보면 영락없이 어깨며 무릎이 성치 않거든.

　지금 누나가 지도하는 학생은 힘이 너무 좋아 '황소 안마'라는 별명을 붙여줬어. 나이로는 경로당 안마 대상자인데, 오히려 젊은이들 어깨며 허리 근육을 파워 있게 풀어. 언변이며 인상도 좋아서 우리 학교 임상실 손님들에게 인기 짱이라니까.

'안마'를 좋아하는 학생들은 굳이 연습을 당부하지 않아도 자연스럽게 가족이며 지인들을 청해서 끊임없이 손으로 감각해. 뛰는 놈 위에 나는 놈 있고, 나는 놈 위에 즐기는 놈 있다고 하잖아. 높낮이 조절되고 페이스 홀 있는 안마 침대 구매할 준비 끝내놓고 벌써 본인 안방을 비워둔 기운찬 예비 안마사구나.

한편 이제 갓 취업한 쌍둥이 자매 안마사 사연은 이래. 언니도 동생도 손이 그야말로 고사리야. 누가 쌍둥이 아니랄까 봐 자매가 똑같이 작아. 옷까지 같은 걸로 입고 다녀서 외관상으로는 쉽게 구분할 수 없는 데칼코마니.

처음에는 안마할 생각이 없다고 했어. 자연 수업에도 관심이 없었지. 둘이서 유튜브 채널

운영할 거라고. 마냥 까르르 웃고 재잘거리는 양이 해맑은 초등학생 같았는데, 2학년 취업반이 되는 순간 돌변하더라.

누나가 수업 시간에 자매를 만난 것은 2학년, 그러니까 졸업반이 되어서였어. 솔직히 덩치도 너무 작고 1학년 때 공부를 안 했으니 근육이며 뼈며 기초 지식이 부실하잖아.

누나는 일차적으로 양적 팽창을 강조해. 동전의 양면처럼 그 뒤에 질적 발전이 따라온다고 생각하니까. 경험상 그렇더라고.

일 년 동안 자매를 보면서 자연스럽게 둘을 구분할 수 있게 되었어. 언니는 차분해. 책을 좋아하고 말이 없어. 주변 상황에 별 관심 없이 틈만 나면 소설을 보는 거야. 나랑 비슷하지.

그런데, 동생은 씩씩한 행동파. 말 잘하고 적극적이고, 무엇보다 현실적인 거야. 동생이 안마사로 취업하고 싶다고 결연히 선포를 하더니,

고사리손으로

수업 이외에도 여러 사람에게 도움을 요청하며 공부를 시작하더라. 학생 중심 현장 실습도 꼭 나가고 싶대서 담당 교사인 나도 바빴지. 노동인권이다 안전교육이다 성폭력 예방교육이다 직장 내 윤리교육이다 추후 지도까지 챙겨야 할 것이 많았거든.

우여곡절 끝에 현장 실습 나가는 날, 동생이 말했어.

"제가 돈 벌어서 월세도 내고 이사도 할 거예요. 언니가 좀 답답할 수도 있어요. 책만 보거든요."

답답할 수도 있다는 걱정 섞인 그 말이 내 뇌리에 사정없이 꽂혔어.

'나도 그런데.'

우리 가족을 비롯한 내 곁에 있는 사람들 실은 나를 엄청 답답해하잖아. 특히 세상 부지런하고 빠른 유주 아빠는….

 정식 자격증 받고 현장 실습 나갔던 업체에 취업한 동생은 어엿한 직원으로 출장도 나간대. 언니도 경로당에서 어르신들 안마해 드리며 월급 받는 시민이구나.

 그런데 예쁘고 기특한 자매가 예고도 없이 오늘 학교를 찾은 거야. 매년 열리는 '한중일 시각장애인 테니스대회'에 참가한다고, 연습이 있어 왔다며 복숭아를 한 상자 사들고 온 거지. 그 고사리손으로 아픈 몸들 주물러 번 돈인 거야.

 하필 시에서 수도 공사를 한다고 하루 종일 건물 전체가 단수되는 바람에 짠한 그 복숭아 맛도 못 보여주고 보냈네. 졸업생들 만날 때마다 맥없이 마음이 먹먹해. 미안한 것만 떠오르고. 과거는 항상 부끄럽잖아.

 맑고 밝은 언니들 덕에 고단했던 한 주 '고마움'으로 마감한다.

고사리손으로

돈 많고 직업 탄탄한 30대 남자

 동료 중에 소문난 재주꾼이 하나 있어.
 특수교육과를 졸업했는데, 영어교육도 복수 전공해 교사 자격증이 무려 두 개. 피아노며 클라리넷, 색소폰, 기타 등 못 만지는 악기가 없어.

 교직 경력 10년이 넘어가니 모아둔 재산도 두둑하지. 선도 몇 번 봤고, 결혼 의지도 남달라. 사람 정말 성실하고 순수하거든.

 그런데 갑자기 병원에 입원했다는 거야. 요

근래 얼굴도 부었다 하고, 점심 급식 먹는 것이 시원치 않아서 주변 사람들이 걱정하던 터였지만.

 독감이 오래간다고 했어. 병원에 갔더니 천식이라고 했다며 대수롭지 않게 말하더라고. 밥도 안 거르고 괜찮아 보이길래 누나는 체중 관리하자고 잔소리만 했지 뭐야. 다름 아닌 내가 남편에게 매일 듣는 핀잔이잖아. 건강 생각해서 하는 말인 줄 뻔히 알면서도 막상 타인의 입을 통해 듣고 나면 기분이 썩 좋을 수 없는….

 병문안을 갔어. 집중치료실에 있더라. 활동지원사 님이 밥을 떠먹여 주고 계셨어. 활동지원 제도는 '진리'다.

 응, 입원한 친구도 시각장애인. 선천적으로 그렇게 태어났대. 그러니까 세상을 한 번도 본 적이 없는 거야.

 오히려 감각은 더 뛰어나. 후천적으로 시력을

잃는 사람들보다 월등히 예민하니까. 누나 동창 중에도 선천맹은 물론 유전질환으로 일가친척이 시각장애인인 경우가 적지 않아요. 가족력이든 아니든 각자 담백하게 저마다의 생을 살아.

선해 보이는 그쪽 활동지원사 님이 이쪽을 안내했어. 식사를 마친 환자, 왼손에 커다란 주삿바늘을 꽂고 있더라고.

"가만히 있는 것이 너무 힘들어요. 허리도 아프고. 빨리 나가고 싶어요. 혈압 젤 때마다 저도 모르게 자꾸 긴장해서… 기도 부탁드립니다."

곁에 계시던 활동지원사 님이 웃으며 말했어.
"우리 백 선생, 겁이 너무 많아요."

누나 활동지원사 님이 받았어.
"빨리 나아야지요. 혈압 재는 거야 간호사들 맨날 하는 일인데, 뭘 긴장해요."

금복주 같은 백 선생 대답은 이랬어.

"그럼요. 제가 나갈 수만 있다면… 은혜 갚아야지요. 나갈 수만 있으면 좋겠어요."

누나가 말했어.
"왜 못 나올까 봐. 이렇게 말도 잘하고 밥도 잘 먹고 웃기도 잘하면서 무슨. 손에 힘도 빡 주는구먼. 마비 다 풀렸네요."

언젠가 백 선생이 누나에게 한 말이 있었거든. 결혼정보 회사에 가입하고 싶은데, 상담원이 시원하게 진행을 안 한다고, 매칭이 늦어질 수 있다는 말만 반복했다며 투덜거리길,

"범죄자도 아닌데. 장애가 죄도 아니고."

누나가 웃으며 말해줬어.

"그거 죄 맞아."

네 생각은 어때?

돈 많고 직업 탄탄한 30대 남자

김 비서는
달린다

"여보게, 세상에 어떤 일도 화장실 거사를 끊고 튀어나와야 할 만큼 급한 일은 없다네."

작은누나에게 내가 보낸 톡이야.

출근길, 전에 없이 전화를 걸었더니 작은누나 목소리가 좀 이상하더라고. 아무래도 어디가 아픈가 싶어 다시 톡을 보냈잖아.

저런! 글쎄 변기에 앉아 있다 혼비백산 전화를 받아서 그랬다는 거야. 평소 전화하는 시간이 아니라서 무슨 일 생긴 줄 알았다나.

 내 엄마가 그러시잖아. 항상 조마조마 마음 졸이는 양반. 아무 일도 아닌데 크게 놀라고, 어딘가 조급하고. 안 그래도 엄마를 꼭 빼닮은 작은누나인데, 그것까지 같을 필요는….

 누나 가족들이 평생을 그렇게 산 거야. 전화 한 통에 놀라고 또 안심하면서. 안쓰러웠어. 분명 동생인데, 언니 같거든.

 작은누나 대학 다닐 때 장마철이면 열 일 제쳐놓고 우리 집 와 있었잖아. 사정을 몰랐던 당시 남자 친구, 현 제부께서 도대체 무슨 사연으로 여친이 방학만 하면 득달같이 지방으로 사라지는지 속앓이를 꽤나 했었다는구먼. 작은누나 아니었음 우리 아마 버티기 힘들었을 거야.

 누나 결혼할 때도 작은누나가 웨딩플래너처럼 다 알아보고 상담하고 계약하고. 일찍이 이런 명언을 남기셨지.

김 비서는 달린다

"내 결혼식 준비는 재혼하는 느낌이더라고."

작은누나, 막내 누나랑 내 배꼽 강탈자거든. 한 번 입 열면 너무 웃겨서 눈물까지 쏙 빼야 끝이 나요.

누나가 유주 임신 확인했을 때도 나보다 더 크게 울며 기뻐해준 동생이야. 천사 같은 이모부랑 이모가 유주 좋은 세상 많이 보여줬다. 첫 해외여행도 유주 이모네 식구랑 다녀왔잖아. 유주에게 이모들은 엄마나 진배없어.

놀랍게도 작은누나랑 누나 같은 해 같은 날, 다른 병원에서 나란히 엄마가 됐어요. 그리하여 쌍둥이처럼 자란 유주와 민찬이 케미도 남달라. 언젠가는 둘이 싸웠다며 연락처를 차단했다길래 내가 말해줬지.

"안타깝지만 두 분은 차단한다고 끊어질 관계가 아니세요."

여름방학 하면 작은누나 식구랑 우리 모녀, 친정 부모님 함께 생전 처음 해외로 가족여행을 가려고 해. 작은누나 부부가 청소년 둘, 노약자 둘, 장애인 하나를 인솔하는 거야. A부터 Z까지 작은누나가 검색하고 일정 짜고 예약하고 결제하고 공지하고 당부하고…. 솔직히 이 멤버로 같이 움직이는 것은 처음이라서 동생 부부 어깨가 무거울 텐데 흔쾌히 팔을 걷어붙였어. 늘 그랬던 것처럼.

세 번이나 날짜를 변경해서야 겨우 계약이 성사됐단다. 작은누나 눈 빠지고, 블랙리스트 되고 격노 각인데, 이 언니에게는 화낼 줄 모르는 바보로구나.

명예 말고 부만

어떤 교직자가 누나에게 말했어.

"김성은 선생님은 글을 쓰시면 참 좋겠어요. 책이 나오면 모르긴 몰라도 부와 명예를 다 얻으실 겁니다."

나도 모르게 그만,

"저 명예는 필요 없는데, 부는 좀….”

함께 둘러앉은 이들과 한바탕 크게 웃었지 뭐.

월요일 1교시부터 중학생 언니야들이 병든 닭 마냥 비실대는 거야. 교실이 쩌렁쩌렁하게 목청을 높여봐도 별 소용이 없어.

'뭐라도 먹이면 좀 나을까?'

"옥희 일어섯. 지금 3층 임상실 올라가서 선생님께 과자 받아옵니다."

주섬주섬 일어서서 나가는 몸짓에 불만이 뚝뚝, 무겁기가 한량없구나.

"가지고 왔어요."

교탁 위에 간식 박스를 올리려는 녀석에게,

"옥희가 친구들 나누어 줘. 네 것도 챙기고."

책상 위에 과자를 툭툭 던지시더구먼.

"자, 이제 먹습니다."

명예 말고 부만

반짝 활기가 돌았어.

"먹었으니 이제 책들 피셔야지."

또 느릿느릿. 굼벵이가 따로 없어요. 원맨쇼 하는 기분으로 본문을 읽으며 꾸역꾸역 수업을 했어.

"애들아, 너희들은 친구가 뭐라고 생각해? 한 번 발표해 보자. 친구란 ( )이다."

도통 관심도 없고, 느낌도 없고….

선생 혼자만 신이 난 거야. 교과서 속 문장 하나하나가 글쓰기 교본 같아서 누나는 자꾸 곰곰 씹어보게 돼. 학생 개별 시(視)기능 특성에 맞게 참고 도서를 만들고 준비하는 일까지 흥겹기만 한데….

앞서 누나 보고 책 쓰라 했던 교직자에게 물어봤어.

"현직 계실 때 어떻게 하셨어요? 과자까지 먹여가며 잠을 깨워 보는데, 녀석들 귀찮아하는 기색이 역력해요."

"저는 차라리 그냥 재웠어요. 다만 약속을 받았지요. 몇 시까지 자고 싶냐고, 그 시간 되면 깨울 테니 기분 나빠하지 말라고요. 그러면 애들도 속이 있어서 짜증 안 부려요. 다 성장통이지요."

'아직도 나는 갈 길이 멀구나. 그렇듯 인격적으로 학생 님을 재워드릴 아량까지는….'

10대부터 60대까지 여러 세대가 공부하는 우리 학교라서 교과서 지식도 삶의 지혜도 배우고 익힐 것이 넘치는구나.

나라는
강산이가 아니고

일전에 누나 맹학교 동창 만나고 왔잖아.

안내견 나라 애미 하는 말이, "우리 직원들은 나라 엄청 이뻐해. 야, 내 직급이 있잖아."

바로 그거였구나. 우리 강산이는 누나가 사회 초년병일 때 안내견 활동을 시작해 놔서. 교무실 졸병인데, 심지어 그 좁은 공간 안에 개털 알레르기가 있는 선배 교사가…. 그분이 재채기 한 번 할 때마다 가시방석에 앉은 것처럼 눈치가 보였었는데….

강산이 얼마나 힘들었니. 주인이 신참이라 주변에 쏟은 에너지만큼 너를 살필 여력이 없던 나였음을 그녀와 얘기하면서 새삼 깨달았단다.

매일 새벽 30분 넘도록 그루밍을 했어도 교무실에 털 날린다 한 마디가 송곳 같았구나. 누구도 강산이를 탓하거나 핀잔준 적 없었음에도 스스로 위축됐던 시절이었어.

우리 강산이 아니었다면 언감생심 연고 없는 지방 소도시에 취직을 단행했을까. 놀랍도록 영특하게 누나를 목적지에 데려다 놓은 너는 단순한 안내견이 아니었으니. 털북숭이 매력덩어리, 내 영혼의 반려견이자 기깔나게 듬직한 보디가드였다.

지금도 누나는 훌라후프 돌릴 때마다 우리 강산이 생각이 나. 그때 많이 아팠을 텐데. 기억 안 난다고? 왜 누나 훌라후프 돌리는데 강산이 옆에 서서 구경하다가 머리 맞은 적 있었잖아. 혹시 얼굴이었니? 훌라후프에 닿은 부분이 딱

나라는 강산이가 아니고

딱한 느낌이었거든. 우리 강산이 말도 못 하고, 자리로 돌아가 철퍼덕 엎드리더니만 폭풍 같은 한숨을….

솔직히 짜증 좀 났었다고? 그날 누나가 한 스무 번쯤 사과한 것 같은데, 너 내 사과 귓등으로도 안 듣는 느낌이더라.

그런데, 강산아 너 동물병원 갈 때마다 어떻게 알고 버텼던 거야? 온몸에 힘을 꽉 주고 차에서 안 내리겠다고 때쓰는 덩치 님이시라니. 그때 누나 똑똑히 실감했다. 개코의 위력을…. 맹렬하게 먹어 치우는 한 끼 사료 그릇에서 누나가 잘게 부순 알약 조각 몇 개만 정확히 남긴 그 감별 솜씨는 또 어떻고.

강산이는 누나에게 처음부터 끝까지 선물이란다. 밤이고 낮이고 신발 신고 나가 시원한 바람 맞으며 실컷 걸을 수 있는 자유. 타인의 삶을 보다 풍요롭고 따뜻한 나눔으로 채워주는 가치 있는 생.

강산이는 누나에게 주기만 하고 떠나간 거야. 고마워. 계단 찾아주고, 턱 앞에 멈춰주고, 마트며 교회며 학교며 제주도까지 데려다주고, 실수 투성이 주인 눈감아 주고, 너 멀미하는 줄도 몰랐던 누나 묵묵히 안내해 줘서….

그곳에서는 여기서 못했던 연애도 과식도 실컷 하렴. 활기차게 뛰어다니며 목청껏 짖어도 보고.

우리 다시 만날 때까지 쿨하게 각자 알아서 행복하기다.

나라는 강산이가 아니고

너를
사랑하기까지

 여름 손님은 호랑이보다 무섭다는데, 누나 서울 작은누나 집에서 하루 자고 왔어. 이 더위에 제부가 손수 구워 주시는 삼겹살에 각종 쌈채소까지 푸짐한 저녁을 대접받았지 뭐니. 오랜만에 모여앉아 너를 추억했어.

 처음에는 평지 걷는 것부터 계단, 배변 처리 등 하나하나에 손이 설었다. 강산이 물 챙겨주는 것도 몰랐던 내 귀에 네가 알아서 할짝할짝 물 마시는 소리가 얼마나 신기했는지 몰라.

어쩜 그렇게 똑똑할 수가 있었니. 훈련받은 대로 정확한 절도 있는 직업군인 같았어. 올라가는 계단 앞에서 앞발만 턱에 올려놓고 딱 멈추는 그 몸짓. BTS 칼군무, 비할 바, 아니었지. 강산이와 보행하며 서로의 몸짓과 보폭, 속도와 리듬을 알게 되면서 두려움은 감동으로 바뀌었어.

사랑하게 된 거야, 너를.

누나가 누워 있으면 천연덕스럽게 내 배를 베개 삼아 잠을 청했잖아. 네가 곤히 잠들면 코가 바짝 말랐어. 머리 쓰다듬고, 목덜미 만져주고, 코 고는 소리에 킥킥거리며 조심스럽게 베개 인간이 움직이는 거야. 잠든 아기 눕히듯 꼭 그랬다.

작은누나랑 얘기하며 끈질기게 민원 넣던 아저씨도 소환했네. 놀이터 한구석에서 배변 뒤처리 철저하게 했는데도 뭐가 그리 싫으셨을까! 정작 놀이터 주인 꼬마들은 너만 보면 귀찮을 정도로 환호하며 말도 못하게 좋아했었는데….

 누나 가슴에, 우리 가족 마음 마음에 여전히 반짝이는 별, 내 평생에 다시 없을 '사랑'이구나.

아버님이
생각나

 강산아, 누나 시아버님께 인사드렸어?
 작년 겨울에 하늘나라 가셨는데…. 아마 강산이도 누나 결혼식장에서 뵙긴 했을 텐데 얼굴 기억하려나 모르겠다. 내가 아버님 인상착의를 설명할 길이 없네. 선명한 그 목소리는 아직 내 귀에 남아 있지만.

 누나가 형을 따라 시댁에 처음 갔을 때는 부모님을 뵙지 못했었어. 두 번째 갔을 때 형의 누나, 그러니까 현 시누이 집 문턱을 넘었던 것 같아. 시댁 식구들 마음이야 충분히 짐작할 수 있는 거잖아. 나도 내 장애가 끔찍한데, 오죽하셨겠어.

누나 결혼 전에 교도관이신 유주 큰아버지, 답답한 마음에 재소자들 교화시키는 목사님께 가서 하소연을 하셨더라는 얘기가 가끔 생각나. 그게 참 묘한 것이 장애인과의 통합, 좋은 관계 무척 아름다운 사랑이라고, 남자 분 진짜 대단하다고 감탄하지만 그건 다 내 가족이 아닐 때 가능한 칭송이에요.

폐백할 때 꾀꼬리 같은 우리 형님 목소리만 들렸어. 형님만 덕담을 해주셨으니까. 다들 울고 울고 또 우느라…. 사실 시부모님 결혼식장에 와주신 것만 해도 감사한 상황이었지.

가까운 제주로 신혼여행을 다녀왔어. 막내 며느리가 되어 시댁에 간 첫날, 아버님께서 형에게 하신 말씀이 뭐였냐면,

"성은이 화장실 알려줘라."

그래서 누나는 누군가 내 화장실을 챙겨주면 그렇게 아버님 생각이 나.

　어제 누나 수필반 갈 때 말이야. 모범생 문우 님께서 처음으로 차를 태워 주셨거든. 출석하는 길부터 식사며 이동 면면을 살펴주신 문우 님께서 밤늦게 톡을 주신 거야.

　"샘도 화장실 가시고 싶지 않으셨을까 뒤늦게 생각이 들었어요. 건강한 여름 보내시고 가을에 만나요."

본다는 것

"큰이모, 저 우리 학교 도서관에 희망 도서로 이모 책 《점자로 쓴 다이어리》 신청했어요. 우리 담임선생님이랑 사서 선생님도 읽으신다고 했어요."

"우리 학교에 그 휠체어 타시는 고정욱 작가님 오셔서 강연하는데, 제가 이모 얘기했어요."

직접 만난 적은 없지만 백만 번은 만나본 것 같은 느낌적인 느낌. 강산이에게 누나집 꼬마들이 그렇고, 유주를 비롯한 조카들에게 강산이가 또 그래. 유주 네 살 때 용인으로 강산이 장례식에 간 것이 유주가 강산이를 처음이자 마지막으로 본 거였구나.

위에 소개한 누나 독자 꼬마는 막내 누나의 큰아들 '시우'야. 누나처럼 첫째라서 우리 둘이 통하는 것이 좀 있지.

이른 아침 똑시우에게 전화가 왔어.

"큰이모, 제가 강산이 사진 더 찾았어요. 엄마 블로그에 있을 것 같아서 밑으로 밑으로 내려가서 찾고, 또 삼성안내견학교 홈페이지에도 있고요. 큰이모 책 나오면 제일 처음 원고 저 사인해서 주시면 안 돼요? 이모, 사랑해요!"

'사진!'

누나 손이 미처 가닿을 수 없는 세계라서⋯. 나, '손'이 '눈'인 사람이잖니. 사실 카톡 프로필 유주 사진도 언제 것인지 기억이 가물가물

본다는 것

해. 바꾸는 것도 남의 손을 빌려야 하니 성가시고, 무엇보다 자꾸 잊어 버리게 돼. 그런 맥락에서 강산이 사진이 누나 손에 몇 장 없더라고.

 서운해 하지는 말아 주라. 내게는 그냥 종이나 액자일 뿐인 물건을 혹여라도 본의 아니게 훼손할까 무서워서 누나 사진은 가급적 안 가지고 있으려고 해. 그런데도 화장대 액자 속에 강산이 웃고 있는 사진 하나는 확실히 여기 내 손 안에 있소이다.

 신부 대기실에서 우리 같이 찍은 사진이며 함께 했던 날들 속에 추억이 무수했을 텐데…. 우리네 삶 속에 시각의 영역이 얼마나 크고 또 찰나인지 새삼 실감한단다.

 입원했던 동료가 출근을 했어.
 목소리나 행동에 큰 변화가 안 느껴져서 난 생각한 거야.

 '젊어서 회복이 빠른가 보다.'

그런데 얼굴은 달랐던 거지. 무려 10킬로그램이나 체중이 줄었다는 소리를 듣고서야 누나 체감이 되더라고.

　'아! 병원에서 많이 힘들었나 보다.'

　퇴원한 동료를 맞닥뜨린 그 순간 한눈에 들어오는 그의 안색과 외모가 매일 통화한 내게는… 누군가의 언어를 빌리지 않고서는 결코 인지할 수 없는 정보였음을….

　'조심해야겠구나. 내 단편적인 느낌만 믿고 판단하면 크게 실수할 수 있겠다.'

　사고의 시야만큼은 캄캄해지지 않도록 누나 더 경계해야겠어.

본다는 것

과잉
해석 장애

 기차를 탔을 때 옆자리 앉은 사람이 여자인지 남자인지, 엘리베이터에 같이 서 있는 사람이 성인인지 아이인지 나는 알 수가 없잖아. 짧은 순간이고, 굳이 알아도 몰라도 사는 데 전혀 지장 없지만 좀 답답할 때가 있어.

 공동 공간에 누가 있고 없는지 일일이 전화로 확인하지 않으면 상황 파악이 힘들고, 전국 맹인 교사가 다 모인 자리에 내가 아는 얼굴이 있었는지 뒤늦게 알게 되는 경우도 허다해.

"헉, 언니도 거기 있었어?"

누나 같이 근무하는 선생님 중에 나를 교무실 자리에 안내해 주면서 주변 상황을 설명해준 이가 이제껏 딱 한 분 계셨다.

"지금 교무실에 ○○샘, ○○샘 앉아 계시고 다 비어 있어요."

고맙더라고.

도장을 찍을 때도 마찬가지야. 일하면서 누나 도장 찍을 일 엄청 많거든. 대부분 동료들이 도장을 찍어 주는데, 내용을 상세히 설명해 주는 이가 있는가 하면 대충 건성으로 제목만 알려주거나 더러는 틀리게 말해주는 경우도 있어.

누군가의 눈을 한 번 거친다는 것. 의도가 있든 없든 한 단계가 걸러지는 거잖아. 그사이에 실수가 스며들 틈이 생기는 거고. 이런 과정을 몇 번 지난다고 생각해봐. 머리 좋은 맹인도 정신 똑바로 차려야 실수를 면할까 말까인데, 어리바리 누나 살아 보겠다고 애쓴다 애써. 나름은 최선이건만….

누나에게 정보를 전달해 주는 이들도 성격 유형이 있는 것 같아. 강산이는 몸짓으로 장애물을 알려줬었잖아. 같은 언어라도 객관적 사실이나 수치를 근거로 말하는 사람이 있는가 하면 자기도 모르게 편집해 정보를 해석하는 경우도 있더라는 거지. 1번이 2번에게, 2번이 3번에게 이야기를 전달하다 보면 10번에 가서는…. 그래서 기록이 필요한가 봐.

유주 어린이집에서 매일 하는 '언어 전달' 카드가 있었어. 선생님이 하신 말씀이나 단어 같은 것을 아이가 부모에게 전달하면 부모가 그것을 적어서 등원시키는 거야. 당시에는 이런 걸 왜 하나 싶었는데, 중요하더라고. 해석하지 않으며 관계를 지속하는 것.

누나 가끔 과잉 행동 아닌 과잉 해석 장애를

실감하거든. 불필요한 감정 소모 각이지. 물밑에서 만리장성을 쌓은들 무슨 소용이겠느뇨.

해석하지 말고 감각할지어다.

과잉 해석 장애

텍스트가
살아 움직여

 강산아, 오늘날 K-에세이스트로 활발히 활약하고 있는 이슬아 작가를 만났어. 그녀와의 인연은 〈일간 이슬아〉가 발행되기 시작할 무렵, 누나가 구독을 신청하면서 맺어졌지. 시각장애인 독자는 어떻게 책을 읽는지 궁금해진 그가 전화로 몇 가지를 물었고, 짧은 통화 끝에 구독자가 된 거야.

 그의 저서가 차곡차곡 쌓여가는 동안 누나의 등단 소식을 그쪽에 전하기도 했고, 그가 진행했던 EBS 〈이스라디오〉에 누나 원고가 소개되기도 했단다.

"흥겨운 곳에서 홀로 잠시 서글픈 사람. 왁자지껄해서 더욱 커다래지는 고독을 마주한 사람. 눈물을 닦고 더욱더 크게 목청을 돋우는 사람…. 선생님 귀에 들려왔을 친구들의 노랫소리를 상상한다. 지금껏 나는 노래방에 백 번도 넘게 갔지만 시각장애인에게 그곳이 어떤 공간일지는 한 번도 상상하지 않았다. 보지 못하는 상태에서 노래를 듣고 부른다는 게 무엇일지 알 수 없었다. 김성은 선생님의 듣는 능력은 볼 수 있는 사람보다 몇 배나 발달되어 있을 것이다. 청각 정보에 고도로 집중하는 훈련을 해오셨으니까. 그런 선생님 옆에서 중학교 동창들이 노래를 부른다. 마흔 살에 다시 부르는 열다섯 살의 애창곡들이다. 삼십 년의 세월이 흘렀는데 선생님에게는 꼭 어제 일처럼 들린다. 이보다 더한 타임머신이 있을까."[3]

이슬아 작가에게서 인터뷰 요청을 받고 마주 앉았어. 사실은 처음인데 처음 아닌 것 같은 느

---

3 《아무튼 노래》, 이슬아, 위고, 2022.

낌으로 반갑게 손을 맞잡았지. 누나가 가장 많이 사용하는 물건과 손대지 않는 물건 세 가지에 대한 질문을 받고서 고심해 봤어.

거울, 펜, 손전등은 내 사전에 사용한 적이 없더라. 반면 컴퓨터, 스마트폰, 책마루와 같은 공학기기들은 한시도 손에서 떼지 못하더라고. 당시 예쁜 연인이었던 이슬아, 이훤 작가와 누나의 읽기와 쓰기, 유주 등에 대해 깊은 대화를 나누었단다.

◆

슬아 선생님의 책을 읽으면서 시각장애를 떠올리지 않는 시간이 더 길었어요. 시각적인 문장이 예상했던 것보다 많아서요. 제 앞에 장면을 그려주는 듯한 문장들이요. 선생님이 시력을 잃기 전에 보셨던 것들이 풍성해서일까요? 후천적으로 시각 장애를 가지게 되셨으니까요.

김성은 고등학교 1학년 때까지는 겨우 혼자 걸어다닐 수 있을 만큼은 보였어요. 시각적인 이미지는 그때까지의 기억에 근거했을 것 같아요. 저는 오히려 제가 쓴 걸 보면서 너무 내면에만 치우치진 않았는지 하는 생각을 해요. 비주얼의 세계를 잊어먹고 사는구나. 만약 누군가가 내 앞에 있어도 소리가 안 나면 없는 사람처럼 느껴지거든요.

슬아 책 속에서 선생님 딸로 등장하는 유주도 그런 존재죠? 웃음과 눈물을 같이 주는. 속 깊은 어린이라고 생각하면서 읽었어요.

김성은 제 딸은 엄청 쿨해요. 지금 5학년인데 뭐랄까 유주만의 매력이라고 해야 하나. 좋은 에너지가 있어요. 유주에게 엄마의 장애가 그늘이 되지 않았으면 해서 제가 일부러 장난도 치고 그래요. "야. 심청이는 심 봉사를 위해 인당수에도 빠졌다는데~."

슬아 심 봉사 드립을 하시다니~

김성은 그렇게 말하면 유주는 한술 더 떠서 "엄마 나 바빠~" 하고 쿨하게 넘겨요. 장애를 웃으면서 얘기할 수 있는 것으로 만들어 주고 싶다고 생각했는데요, 유주는 그렇게 할 수 있는 아이예요. 한번은 제가 안 보이는 걸 아니까 저 몰래 휴대폰을 보는 거예요. 그래서 제가 "야. 엄마가 안 보인다고 그러면 쓰겠냐?" 했더니 유주는 또 "아이, 들켰네." 막 이렇게 가볍게 넘어가요.

 누나에게 '이슬아'는 실존하는 출판 산업이요, 움직이는 저자요, 생동하는 젊은 피로 느껴져. 사실 이 세상에 누나 같은 독자가 산다는 것을 많은 저자들이 모른 채 쓰잖아. 애정하는 작가들에게 팬레터를 보내면 대부분은 깜짝 놀라신다. 막연하게 오디오북을 제작했는데, 진짜로 독자를 만나게 될 줄은 몰랐다는 반응들.

 이슬아 작가에게는 거꾸로 누나 목소리로 읽은 오디오 음원을 보내기도 했었어. 그가 쓴 《일간 이슬아 수필집》 속 '물 속의 당신'을 점자로 프린트해 잔잔한 BGM에 녹음을 한 거지. 읽으면서 몇 번이나 목이 메여 중단하고, 다시 하고.

 그가 누나를 동료라고 지칭하면 어딘가 있을지도 모를 나의 독자를 상상하게 돼. 섬 같은 내

생이 글이 되어 독자와 연결되는 감격 같은 것. 책 속에서 텍스트가 뚜벅뚜벅 걸어나와 누나 손을 잡고 말하는 거야.

"김성은 선생님, 여기 만져 보세요. 이걸 dog's ear라고 하지요? 《점자로 쓴 다이어리》를 읽다가 제가 접어 놓은 부분이에요."

정제된 관념이 실존 감각이 되고, 나 아닌 우리가 서로의 심미적 체험을 나누는 동안 쓰는 사람으로서 '나'가 자라나.

언니들을
괴롭혀서라도

1교시에 들어가도 5교시에 들어가도 언니들이 책상에 엎드려 병든 닭 같은 목소리 내는 것이 영 마음에 안 들었어. 누나 다른 건 몰라도 책상에 엎드린 학생, 식탁에 맛있는 반찬은 귀신같이 찾아내잖아.

며칠 전에 유주랑 둘이서 초밥 데이트를 했거든. 쟁반 위에 소바 면을 젓가락으로 푹 집어 작은 그릇에 말아 훌훌 먹는 나를 보고 유주가 말하기를,

"엄마 보여?"
"응, 나 먹는 것만 잘 보이잖아."

 수업 시간 조는 학생 잡아내는 거 보고 깜짝 놀라며,

"선생님 보이세요? 고개 숙이고 있는 거 어떻게 아셨어요?"

 솔직히 슬그머니 화가 나기도 했어. 과자를 먹여봐도 노래를 시켜봐도 잘난 언니들 꿈쩍하지도 않는 거야. 반짝 텐션 올랐다가 교과서만 펴면 숨이 죽어요. 도저히 안 되겠더라고.

 누나 아침마다 유주 깨우는 모닝 마사지하잖아. 거기서 착안, 언니들 어깨를 공략하기로 한 거야.

"언니들 이런 식이면 곤란해. 선생님 집에도 비슷한 여자애 하나 있어서 나 괴롭히는 거 무지 익숙한 사람이거든. 앞으로 선생님보다 목소리 작은 사람은 어깨 마사지 들어간다."

"끼약! 아파요. 아아아아!"
"어, 생각보다 시원하네!"

절대 졸 수가 없지.
언니들 목소리에 영혼이 깃들기 시작했어.

근데 강산아, 확실히 학생들 어깨 근육이 많이 긴장돼 있더라. 목덜미도 그렇고. 저시력은 저시력대로 뭘 볼 때마다 고개를 숙여서 들여다 봐야 하니 목 근육이 경직되고, 전맹은 전맹대로 어깨가 엄청 굳어 있더라고.

아무래도 전맹들은 몸을 움직이는 순간순간 무의식적으로 온몸에 긴장을 하게 되다 보니 저시력 언니 어깨보다 전맹 언니 어깨가 더 딱딱할 수밖에. 깍깍거리는 학생들이 귀엽기도 하고….

비로소 같이 읽고 쓰고 말하는 시공간이 완성

언니들을 괴롭혀서라도

된 거야. 누나는 왜 이렇게 책 이야기하는 것이 좋은 거니. 책은 무조건 의미가 있다는 믿음 때문일까? 누나가 담당하지 않는 학급에 보강을 들어가게 될 때도 나는 학생들이 그냥 시간을 허비해 버릴까봐 두려워. 하다못해 심리 테스트를 하든 신문 기사를 읽든 뭐라도 해야 속이 편하더라고.

이거 강박인가? 내가 만든 신조어는 '의미 중독자'란다. 그냥 먼지만큼이라도 성장하는 오늘이었으면 해서….

불편하지
않은 사이

시댁에 가면 누나 항상 형 옆에서 밥을 먹어. 아무래도 도움이 필요하니까. 형도 간만에 가족들 만나면 여유 있게 먹고 웃고 얘기 나누고 싶을 텐데…. 유주가 제법 커서 이젠 누나를 잘 챙겨줘. 반찬 위치며 종류도 알려주고, 냅킨이며 물도 갖다주고.

어제는 언니 같은 형님이 누나 곁에 앉아 살뜰히 챙겨주신 덕택에 오리고기를 배불리 먹었단다. 문득 '이제 같이 식사해도 불편하지 않은 사이가 되었구나' 깨달았어. 누나 원체 사회성 떨어지는 인간인지라 어색한 자리에서는 밥도 잘 못 먹잖아. 유독 식사 장면이 그래.

맹인 밥 먹는 모습이 웃겨 보이면 어쩌나 싶고, 흘리면 또 창피하고, 반찬 위치 물어보는 것도 조심스럽고, 여러모로 음식이 목구멍으로 잘 안 넘어가는 거야. 반면 형이랑 뭘 먹을 때는 너무 빨리, 많이 먹는 통에 맥없이 핀잔을 들어.

꾀꼬리같이 맑은 목소리를 가진 우리 형님은 요양보호사 공부를 시작하셨단다. 더위에 고생하는 취준생 아들 뒷바라지하시다가 엄마도 공부하는 모습 보여주사 싶어 결심하셨대.

성격 좋은 우리 형님, 강의실에서도 단연 분위기 메이커. 도시락, 숟가락 통 흔들어가며 노래도 한 자락 부르시고, 필기 잘하는 언니 노트 유심히 보셨다가 누나에게 다 얘기해 주시는 거야. 생동감 넘치는 표현력, 끝내주십니다.

지금으로부터 10여 년 전 누나 집 이사하고

시댁 식구들이 한 번 다녀가신 적이 있었어. 그때 형님이 누나 손 잡고 우리 집 벽지 모양을 설명해 주셨어요. 누나 만나기 전에는 시각장애인을 접해본 적 없으셨을 텐데도 어쩜 그리 자연스럽게 누나 궁금했던 지점을 콕 집어 말로 풀어 주시는지….

형님이랑 통화하고 있으면 시간이 어떻게 흘러가는지 모른다니까. 웃다 보면 거짓말처럼 두 시간이 가 있어. 생각해 보면, 손 아래 동서 눈이 멀어서 사실 제일 불편할 사람이 형님이실 거잖아. 시댁에서는 설거지 한 번 안 하는 불량 며느리니까.

그럼에도 불구하고 우리 형님은 언제나 한결같이 나를 먼저 배려해 주시는 거야. 주변 상황 귀엣말로 소곤소곤 알려 주시지, 맛있는 반찬 따로 먹기 좋게 챙겨 주시지.

무엇보다 늘 내 편이라는 사실.

불편하지 않은 사이

침입자

한동안 시립도서관에 뜸하긴 했어. 그래도 그렇지 장애인 열람실을 직원 업무 공간으로 쓰고 있을 줄이야. 전화기까지 설치하여 벨은 수시로 울려대고. 오히려 내가 방해자인 것처럼 이어폰을 청했어. 몇몇 직원이 업무 얘기를 나누는 소리가 끊이지 않는구나.

처음에는 황당했고, 이 상황이 일시적이지 않다는 사실에 당황하는데, 이번에도 도서관 측은 전후 사정을 설명해 주지 않았어. 어떻게 찾은 나의 19호실인데….

내가 가져다 놓고 쓰던 키보드도 행방이 묘연하다. 친절한 직원 한 분이 찾아 놓겠다고 말씀해 주시더라. 뜨거운 태양을 피할 수 있는 나만의 비밀 벙커 같은 공간이었는데… 요란하게 키보드를 두드리며, 업무를 논하는 그대들은 명백한 침입자올시다.

쭈뼛쭈뼛 독서를 시작했어. 집중해 보려고 해도 쉽지 않나니. '2024년 젊은작가상'에 빛나는 성해나 소설에 반했어. 《빛을 걷으면 빛》이란 단편소설집이야. 일단 〈언두〉와 〈화양극장〉 두 편을 들었는데,

'오오오오!'

〈언두〉는 틴더에서 만나 커플이 된 도우와 유수의 이야기인데, 도우는 청각장애가 있는 할머니와 수화로 소통해. 수화를 모르는 유수가 도우에게 할머니와 나눈 대화 내용을 묻는 장면에서 도우는 부부 금실이 그렇게 좋다고 얼버무리고, 유수는 영 그런 뜻이 아닌 것 같다는 느낌을

받는 거야.

 사람과 사람 사이 본능적으로 감지되는 어떤 소통의 부재. 그것에 대한 미진한 찜찜함에 대하여 나는 너무 잘 알고 있으므로.

 〈화양극장〉에는 1970년대 스턴트 우먼으로 일했던 이목 씨 이야기가 나와. 일을 하면서 찢어지고 긁히고 부러지고, 핀잔 듣고…. 물에 빠져 기절하면서도 "괜찮습니다"를 외쳤다는 그녀의 회상이 슬프더라고.

 사회에서 힘 있는 사람들은 자기에게 유리한 방향으로 판을 짜고 싶어 하는 것 같아. 겉으로는 충분히 양보한 것처럼 보일 수 있도록 예술적인 상황을 만드는 거지. 이때 중요한 것은 끝까지 절대 민낯을 드러내면 안 된다는 것. 책임 소지를 분명히 해야 해. 힘 있는 자들이 이런 데에 심혈을 기울일 때, 힘없는 자들은 소설 속 주인공처럼 "괜찮습니다"를 복창하는 거야.

강산아, 누나도 이런 글 쓰고 싶어. 묵직한 사유가 뇌를 깨우고, 잔잔한 감동이 심장을 데우는 글.

어! 그러고 보니까 어느새 침입자들이 사라지셨네. 내 표정에서 강렬한 거부의 뜻을 읽었을까?

여기 '장애인실'이 도시에서 유일하게 맹인 귀 활짝 열고 독서할 수 있는 공간이로소이다. 부디 빼앗지 말아 주오.

침입자

가자,
풀빌라로

작은누나가 공들여 준비한 가족 여행, 베트남에 왔어. 한국에 역세권이 있다면 베트남에는 망세권이 있나니 오늘은 야생의 밀림 같은 넓디넓은 저택 단지에 들어선 거야. 무슨 드라마 세트장같이 근사한 집이 우리가 이틀 묵을 곳이라고 했어. 2층 대저택에 큼직한 방이 네 개, 화장실은 다섯 개에 집마다 개별 풀이 있더라고.

"엄마, 나는 이 집 처음 들어왔을 때 완전 깜놀했다. 진짜 신기하고 당황스럽고 너무 좋아!"

짐 풀고 바로 물속으로 첨벙하는 두 녀석. 다이빙 놀이하고 잠수하고 정말 시간 가는 줄을 모르더라고.

누나도 래시가드 입고 살살 들어갔지. 작은누나가 물 무서워하는 나 생각해서 글쎄 물해먹이며 튜브 등등 다양하게도 준비했더라니까.

공기 주입기로 빵빵하게 부풀린 물해먹에 길게 누웠어. 옆에서 민찬이가 파도 만들면서 이모 안 심심하도록 깜찍하게 신경 써주는 마음이 얼마나 이쁘던지. 물 위에 누워 무념무상 하염없이 흘러 다녔어. 내 눈앞에 파랗고 높은 하늘을 상상해 봤지.

'아름답겠다. 보고 있으면 속이 뻥 뚫렸겠다. 맑은 하늘에 가슴까지 정화되는 느낌이었을 텐데….'

햇빛은 따가웠지만 습기 없이 보송보송한 바람이 그야말로 유기농이구나. 우리 유주 좋아하는 망고나무가 사방에 열매를 매달고 서 있는 리조트를 버기카가 순환하고 있었어. 왜 놀이동산 가면 코끼리 열차 같은 거 있잖아. 정말 밖에 나가니 나무에서 막 떨어진 망고가 땅바닥에 굴러다니는 거야. 우리 집 망고 소녀 신바람이 났지. 키 큰 코코넛 나무도 신기했어.

버기카를 타고 메인 풀에 나간 우리 가족. 물해먹에 누워 떠다니기가 편하긴 하더라고. 풀이 넓으나 좁으나 나야 그냥 흘러 다니는 사람이니 크게 상관없지만 아무래도 기분이…. 얼굴 모자로 가리고, 긴소매 래시가드로 몸은 꽁꽁 무장했는데, 문제는 발등. 노릇노릇하게 아주 잘 구웠지 뭐.

저녁도 맛집 탐방. 열 가지 메뉴를 시켜놓고 코스 요리 맛보듯 푸짐하게 먹었어. 대저택 거실 식탁에 둘러앉아 맥주잔 기울이며 할아버지가 말씀하셨어.

"우리 김 서방 덕에 너무 호강하네. 항상 애

많이 써. 고마우이!"
"아빠, 김 서방 이쁘면 목마라도 한 번 태워주시던가."

민찬이 엄마, 웃기지?
못 말린다니까.

가자, 풀빌라로

메인 풀이 무슨
깔딱 고개냐고

메인 풀에 나가기 전, 나를 '엄마'라고 부르는 여자아이가 한바탕 짜증을 부렸어. 눈물까지 짜며 혼자 빌라에 있겠다고 고집을 피우는 거야. 화장실 문 쾅 닫고 들어가시더니 족히 5분은 안 나오고 버티는데… 베트남까지 날아와서 혼자 방구석에 앉아 휴대폰에 코 박고 있을 것 같으면 뭐 하러 오냐고. 슬슬 혈압이 오르기 시작했어.

"어제 민찬이도 조식 먹으러 안 갔는데, 왜 나는 혼자 있으면 안 돼? 나 안 나갈 거야. 귀찮단 말이야. 그냥 우리 풀에서 놀면 되잖아."

"여기보다 훨씬 풀이 넓대. 리조트 처음 왔으니까 한번 둘러보고 오자. 옆에 바다도 있대. 가서 보고 유주 마음에 안 들면 다시 들어오자."

"싫다니까."

"그럼 엄마가 네 휴대폰 가지고 갈 거야. 여기 직원들 청소하러 올 거니까 알아서 해."

기다리다 못한 민찬이가 들어왔어.
여섯 시간 오빠답게 한마디 하시더라고.

"야, 우리 다 같이 가는 건데, 너 혼자 그러면 어떡해. 빨리 나와. 다 기다리잖아."

그제야 주섬주섬 움직이는 고집쟁이.
암튼 쓸데없이 진입 장벽이 높아요.

그렇게 이유 없는 진통 끝에 나간 메인 풀.

메인 풀이 무슨 깔딱 고개냐고

도착하자마자 물안경부터 찾으시더구먼.

전쟁 끝에 빈손으로 나간 모녀였건만, 애미는 해먹에 누워 떠다니고, 딸은 언제 그랬냐는 듯 물장구치기 바빴어.

민찬이와 나, 우리 사이 동무로 통하거든. 수영 못 해, 앞도 못 보는 이모가 불안했는지 시키지도 않았는데, 내 곁에 딱 붙어서 떠나지를 않는 거야. 파도 만들었다가 잠수해 이모 발바닥 간질였다가 해먹 방향 잡아 줬다가 돌고래 소리 냈다가 하시더니, 지쳤는지 의미심장한 한마디를 남기고 홀연히 사라지셨어.

"동무, 알아서 떠다니시오."

민찬이 때문에 누나 배꼽 베트남에 두고 올 뻔했잖아. 또 한번은 이러는 거야. 캐리어를 2층까지 끌고 올라갈 수가 없어서 짐은 1층에 두고 필요한 물건만 가져다 썼거든. 2층 방에서 옷을 정리하다가 내가 살짝 귀찮아서 옆에 있는 민찬

이에게,

 "동무, 이 옷 캐리어에 가져다 놓고, 거기 있는 신발 좀 가져다 주시오."
 "아, 그건 동무가 하시는 게 좋겠소."

 담백하시기도. 뭔가 그 단순함이 난 너무 좋은 거야. 이모가 안 보여서 꼭 도와줘야 한다든가, 하기 싫은 거 내색하지 않으면서 억지로 친절을 쥐어짠다든가, 그런 스트레스가 하나도 없는 사이.

 이번 여행에서 민찬이가 가장 많이 한 말은,
 "엄마, 내가 이모랑 다닐래."

 조식 뷔페에서는 글쎄 혼자 식탁에 앉아 덩그러니 음식 접시 기다리는 나 뻘쭘하지 않도록 살그머니 내 손에 요플레를 쥐어주며, "동무 이거 먼저 먹고 있으시오."

 머리부터 발끝까지 다 사랑스러워. 지금 생각

메인 풀이 무슨 깔딱 고개냐고

해도 신통한 기억 하나. 민찬이가 아장아장 걸어 다닐 때쯤이야. 작은누나 집에서 우리 식도락회 모임을 거하게 한 다음 각자 방으로 흩어지는데, 글쎄 아가 민찬이가 내 손에 생수 한 병을 쥐여주는 게 아니겠어?

깜짝 놀랐다니까. 민찬 애미도 안 시켰다는데, 고 조그만 녀석이 무슨 생각을 했는지 밤새 이모 마시라고 생수를 챙겨준 거야. 내가 안 이뻐할 재간이 있겠느냐고.

저녁을 먹고 저택에 들어서며, 민찬이가 묻더라고.

"동무 어디로 가실 거요?"
"난 배가 불러 옷부터 갈아입어야겠소. 2층으로 가리다."
"여기 계단 앞이요. 헐렁한 옷으로 입으시오. 지금 매우 추하오."
"팩폭이 너무 심한 거 아니요?"
"미안하지만 사실이요."

갈비 한번
먹기 힘들다

강산아 거기 여름은 어때?
나는 더위 핑계로 깨끗하게 운동을 접고 몇 달 살다가 막내 누나 덕에 오늘 모처럼 만 보를 찍었어. 습습한 이 더위에 하루하루 개학이 다가오고 있잖니.

이 시점에서 누나가 하게 되는 것. 학기 중에는 마주 앉아 여유 있게 수다 신공에 빠질 수 없는 소중한 이들과의 만남을, 마치 자정이 되기 전 유리구두 단속하는 신데렐라처럼 다급하게 챙기는 거야. 어제는 목포, 오늘은 대전, 내일은 서울 이런 식으로. 동생들이 누나를 '김길동 씨'라고 부른다니까.

 예쁜 딸 데리고 캐나다 갔다가 귀국한 멘토 언니, 동종 업계 종사하며 하루가 멀다 하고 온갖 조언에 고민 상담에 전화기가 닳는 시각장애 선배 부부, 세 여자가 나란히 흰 지팡이 들고 카페다 갈빗집이다 찾아다니며 먹고 웃고 말하는 맹학교 선배 언니들까지 어느 한 팀 포기할 수가 없잖아. 모두가 누나와는 30년 가까이 인연을 맺어 오면서 함께 40대가 된 동지들이야.

 강산아, 누나가 혼자서 흰 지팡이 들고 집을 나서면 심심치 않게 착한 사람들의 짧은 선의를 경험하게 돼. 며칠 전에는 장애인 콜택시가 안 잡혀서 일반 택시를 탔는데,

"저어, 혹시 선생님이세요?"
"네? 아, 네에."
"저어, 새미…"
"헉! 아버님이세요? 아이고 안녕하세요. 새미

샘 같이 일할 때 아버님 택시 하신다고 듣긴 했었는데… 애기들 많이 컸겠어요."
"선생님, 카드 꺼내지 마세요."
"오오, 아니에요. 아버님."

끝끝내 요금을 안 받으시는 거야.
이 은혜를 어찌 갚아야 할까.

그날은 서울에서 약속이 있었어. 세 여자가 흰 지팡이를 들고 지하철역에서 만나기로 한 거야. 이 시골 맹인 말고 그녀들에게는 매우 익숙한 동네. 맹인들에게는 특별히 사장님이 직접 갈비를 구워 주시는 식당이라 언니들이 종종 간다고 했어.

용산역에 도착해 코레일 직원에게 1호선까지 안내를 부탁했지. A선배를 만나기로 한 종로3가역에 무려 20분이나 일찍 당도한 거야. 거기까지는 좋았어요. 같이 3호선을 탈 계획이었는데, A선배가 오는 것보다 내가 그냥 가는 게 빠르겠더라고.

갈비 한번 먹기 힘들다

직원 호출을 시도했어. 이상하게 계속 없는 번호로 나오더라. 다산콜로, 용산역으로, 지하철공사로 열심히 전화를 걸어봐도 어쩜 그렇게 연결이 안 되냐고. 우리 강산이랑 함께였다면 단 5분 컷도 아니었을 텐데….

응답 대기하는 동안 선배들 전화를 못 받으니 언니들도 슬슬 짜증이 난 거지. 꼬이려니까 앱에 있는 전화번호도 내가 잘못 눌렀던 모양이야. 겨우 직원 접선에 성공, 결국 약속 시간보다 늦게 목적지에 도착했지.

우선 뿔이 난 선배들에게 사과부터 하고. 흰 지팡이 든 세 여자가 10여 분을 또 걸어 간신히 갈빗집을 찾았어. 너무 기운을 빼서 그런지 고기 굽는 불판 열기마저 버겁더라. 원래 배고프면 너나 나나 예민해지는 법. 김치에 밥 한 그릇 먹고 나니 비로소 멘털이 살아난 거야.

다음 코스는 카페. 시원한 밀크티 빙수를 앞에 두고 앉기까지 다시 한오백년 소요. 건물 앞까지는 어찌어찌 찾아 갔는데, 입구를 못 찾아서 행인 1, 2, 3에게 SOS. 그렇게 먹은 빙수니 오죽 달았겠니. 커피까지 한잔씩 더 시켜 마시며 한참을 웃고 또 웃었어.

 눈 감은 우리라서 공감할 수 있는 수다가 명약이구나.

갈비 한번 먹기 힘들다

병원
싫어

강산이, 거기서는 아픈 데 없는 거지?

여기 있을 때 귀앓이 많이 했었잖아. 너 귀 아플 때미다 양쪽 귀 뒤집어 머리띠 모양으로 테이프 붙이고 있던 모습. 약이라면 먹는 것도 바르는 것도 질색했던, 꼭 아기 같았어. 동물병원 가서 대기할 적에도 조그마한 강아지들 강산이 근처에만 오면 엄청 귀찮아 했었잖아. 완전 큰형님 포스로 쪼꼬미들 상대도 안 하다가 의사 선생님 오시면 누나 무릎에 앞발 올리고 힘 꽉 주던 반전 매력의 소유자.

어디 그뿐이니. 누나 만난 지 얼마 안 되어 강산이가 머리를 떠는 증상을 보여서 놀랐던 거 생각하면…. 신경성이었을까? 아니면 누나 대학 졸업식 날 오랫동안 차를 타서였을까?

 동네 동물병원 의사 선생님께서 진중한 목소리로, 강산이 안내견으로서의 활동이 어려울 수 있을 것 같다고 말했을 때 우리 세 자매는 하늘이 무너지는 것 같았어. 통곡도 그런 통곡이 없었으니, 정말 장례식장 분위기였다.

 어떻게 해야 할지를 모르겠더라. 안내견학교에서도 강산이 떠는 증상을 영상 촬영하면서 추적 관찰하고. 원인 규명에 힘써 주셨잖아. 특별히 다른 곳이 아픈 거 같지는 않았어. 먹기도 잘했고, 잠도 잘 잤고. 그런데 강산이가 간헐적으로 머리를 떠니까 신경계에 어떤 문제가 발생했다고 본 거지. 겨우 현지 적응해서 있는 정 없는 정 다 들었는데, 네가 아프니까 누나 가슴이 그야말로 찢어지는 것 같았어.

병원 싫어

안내견학교에 입원하여 검사받고, 한동안 병원 다니며 치료를 했지. 감사하게도 떠는 증상은 점차로 사라졌어. 그렇게 강산이는 누나 곁에서 7년이 넘는 세월 동안 안내견으로서의 소임을 다했던 거야. 누나 지금 생각해도 그 밤 동물병원 원장님이 조심스럽게 남겨둔 휴대폰 음성 메시지가 생생해.

그때 우리 강산이 많이 힘들었니? 네 컨디션에 따라 우리 세 자매가 아이 같이 웃고 울었다.

멋지게 회복해 줘서 고마워.
끝끼지 힘께해 줘서 고마워.

심장사상충 약 먹을 일 없고, 예방주사 맞을 일 없고, 먹고 싶은 것 참을 일 없고, 무엇보다 배변 자유롭게 할 수 있는 곳에 너 있다고 생각하면 지독하게 보고 싶은 이 마음이 접어도 지더라.

싫어하는 병원 갈 일 없는 그곳에서 털끝 하나라도 아프지 않기를.

말의 맛

 누나 지독하게 말재주가 없는 사람이잖아. 도망을 치다 치다 어쩔 수 없이 해야 하는 발표나 촬영 같은 거 할 때 엄청나게 스트레스 받고. '좋다, 싫다' 표현도 잘 못하고. 화나는 것도 미련하게 참다가 더 이상 견디지 못할 지경에 이르러서야 어설프게 표출하고. 그래서 누나 눈에는 공식 석상에서 말을 유려하게 하는 사람이 얼마나 커보이나 몰라.

 강원국 작가님이 쓴 《결국은 말입니다》《어른답게 말합니다》《나는 말하듯이 쓴다》를 흥미롭게 읽었어도 이게 또 이론과 실제가 달라요.

'자기표현', 이 시대를 사는 우리가 공부하고 훈련하는 궁극적인 목적일진대.

누나가 친구에게,
"나 어제 출판사랑 계약했음. 내년에 책 내기로. 인세는 판매가의 10퍼센트."
"오오, 백만 부 팔리면 십 억이네."

말이 안 되는 소리지만 웃기고 기분이 좋은 거야.

어렵사리 행사 협조를 당부하는 선생에게,
"선생님, 하시는 일이라면 무조건이지요. 제가 오늘 아침부터 미용실 갔다가 학교 왔잖아요."

"우리가 무엇을, 어떻게 하면 될까요? 선생님이 설명해 주시니까 아주 귀에 쏙쏙 들어옵니다."

사실 여부를 떠나서 무턱대고 고마워지는 거야.

벌써 30년째 누나 멘토 노릇해 주는 언니의 진통제 같은 한마디.

"울적하면 언제든 와. 기차역으로 튀어 나갈게."

반면 찰나의 몇 마디가 쇠처럼 전의를 꺾어 버리는 경우도 있어. 가령, 고민고민하다가 용기 내어 도전하는 사람을 보고,

"모르겠다. 네가 하는 일이 약이 될지, 독이 될지 뭐 나중에 보면 알겠지."
"너 하는 일이 다 그렇지. 내 그럴 줄 알았다."

긍정의 언어, 온유한 어투, 활기찬 기운. 강산아, 도대체 어디 가면 살 수 있는 걸까? 말, 아차 하는 순간 내 인격의 민낯을 드러내잖아.

말의 맛

타 객체를 연결하는 도구요, 사람 사이 가장 간편한 표현 양식. 방어하지 않고, 경계 짓지 않으며 있는 그대로 이해할 수 있는 햇빛 같은 말이라면.

엄마와
나

 강산아 그 동네도 이렇게 덥니?
 처서가 지났다는데, 여기 아래 세상은 절기가 무색하도록 습하고 덥구나. 안 그래도 텐션이 마이너스인 누나가 요 며칠 중력에 순종해 직장에 있을 때를 제외한 모든 시간을 침대에 누워 보낸 거야. 유주 눈을 생각해서라도 활기찬 엄마여야 할진대.

 강산이는 더위 안 먹고 잘 지내고 있지? 누나는 풍신난 저질 체력이 바닥을 드러냄에 따라

늪과 같은 귀차니즘에 빠져 버렸단다. 하루하루 맥없이 세월만 축내는구나.

한가한 토요일, 집에서 〈여행스케치〉라는 월간지를 들었어. 8월에는 어디가 좋나, 사람들은 어디로 놀러 가나, 이 지독한 여름을 어떻게 이겨내나 궁금하잖아. 발 아닌 귀로 하는 여행이랄까.

'부산 광안리 야경'이 멋진가 보구나. 와인 파티에 광안대교를 한눈에 조망할 수 있는 호캉스. 부모님 보내드리면 참 좋겠는데, 두 분이 시설 이용이 가능하실지.

누나 늘 마음은 효녀 심청 뺨을 치는데, 몸은 좀…. 아주 머리로는 만리장성을 쌓는다니까.

오늘도 내 엄마 우리 집 오셔서는,
"맨손 체조라도 해라, 하루 종일 그렇게 누워 있으면 머리 안 아프냐, 엄마 다니는 주민센터에 팔십 드신 할머니가 오시는데 눈이 많이 안 좋으시더라, 젊었을 때 안마를 좀 배우셨다며 요가 끝나면 간단히 사람들 몸도 풀어 주시고 인기가 얼마나 많은지, 어쩜 그렇게 옷도 예쁘게 갖춰 입으시고 며느리한테도 꼭 존대하시더라, 어제는 할머니가 춤 동작을 선보이셨는데 다들 눈이 휘둥그레 깜짝 놀랐어라, 유쾌한 왕언니로 젊은 사람들과 어울리며 술도 한잔씩 하신다더라…. 그러니까 너도….”

'또 시작하셨네. 도대체 얘기 중에 대명사는 왜 이렇게 많이 쓰십니까?'

듣기 싫은 티가 역력한 퉁명스러운 어투로 한마디 하면 끝.

"알았어. 알아서 할게."

이게 누나의 현주소.

"엄마 집 가서 저녁 먹을래? 국수 삶아줄게."
"내가 알아서 챙겨 먹을게."

엄마랑 마주 앉으면 마음과는 다르게 자꾸 표정이 굳어져. 아직도 누나를 유주 엄마보다는 당신 딸로만 생각하는 거 같을 때 못내 짜증이 나는 거야. 마흔 중반이 넘은 나와 중2 손녀를 동급으로 생각하시나 싶을 때도 있으니 말 다했지 뭐. 앞 못 보는 딸 평생 뒷바라지하시는 양반 속, 오죽하겠니.

나도 퍽이나 못된 년이야. 매번 이렇게 투덜거리고 인상 쓰고 후회하고 또 그러기를 수없이 반복하는구나.

눈을 떠요

엄마가 전에 없이 서천에 맥문동꽃을 보러 가자고 하시는 거야. 웬만해서는 어디 가자, 뭐 먹자 요구하는 양반이 아닌데, 그 꽃이 퍽이나 보고 싶으셨나 봐. 동트기 전에 서둘러 다녀오면 되겠다 싶었어. 장애인 콜택시를 불러봤지만 실패하고, 결국 동네 산책을 나섰지.

새벽 산책은 썩 기분 좋았어. 풀벌레 소리도 좋고 선선한 바람도 좋고. 이른 아침인데, 운동하시는 분들이 제법 많더라고.

눈을 떠요

한참을 걷다가 엄마 말씀하시길,

"너 눈 감지 말고, 힘줘서 뜨고 있으려고 해 봐. 나이 먹으면 눈꺼풀 처져서 안 그래도 수술하는 사람들 많잖아. 신경 쓰면 뜰 수 있는데, 자꾸 그렇게 감고 있으면 앞으로는 더 힘들어."

언젠가도 한번 말씀하셨거든. 그런데 자꾸 잊어버리게 돼. 의식적으로 눈꺼풀에 힘을 빡 주고 거의 부릅떠야 겨우 실눈이 떠지는 수준인데….

누나처럼 의안을 착용하는 사람들은 그래서 나이 들수록 의안을 더 크게 제작한다는구나. 잠 잘 때도 눈이 안 감길 정도로 아예 그렇게 주문하는 사람이 많대. 누나 학교에서 잊을 만하면 심폐소생술 연수받는 것처럼 내 어무이 참고 참다가 어렵사리 상기시켜 주셨으니, 잊지 말고 눈에 힘주기 연습해야겠다. 세상에서 가장 무거운 것이 눈꺼풀이라고, 그 누가 말했느뇨.

참, 그 옛날 강산이랑 누나 걸어서 퇴근할 때

있었잖아. 그때는 누나 의안 아니었을 때인데, 나도 참 엉뚱해. 한참 신나게 걷다가 문득 눈을 감아본 거야. 근데 뭔가 불안하고 막 부딪힐 것 같고, 못 걷겠는 거지. 그 느낌이 너무 웃기고 황당했던 기억이 있구나.

   누나도 고등학교 1학년 때까지는 지하철을 타고 혼자서 학교를 다녔어요. 가까스로 겨우 눈 앞에 장애물만 식별하며 걸었어도 지팡이는 사용하지 않았었어. 매일 밟고 올라가는 지하철역 계단이 나날이 흐릿해지던 그때는 하루하루가 지옥 같더라.

   그렇게 보는 세계에서 안 보이는 세계로 추락했어. 보지 않고서는 살 수 없을 것 같더니, 숨도 쉬어지고 웃어도 지더라고. 안 보이는 세계에 추락한 뒤로는 굳이 미련 부리지 않았어. 체념이 생존 전략이었을지도. 어느덧 보이지 않는 내 몸을 의식하지 않게 된 거야. 태초부터 그랬던 것처럼 보이지 않는 눈을 크게 뜬 채 살고 있었나 봐.

눈을 떠요

뜨나 감으나 똑같이 앞은 안 보이는데, 눈을 감으니까 못 걷겠는 생경함이라니. 인간에게 눈을 뜨는 행위, 그 감각이 어쩌면 본능인가 보다 뭐 그런 생각을 했더란다. 우리 몸에서 쓰임새가 없는 기관은 퇴화되기 마련이니까.

시각장애인들 보통 나이 들수록 안구 함몰되고 눈꺼풀 쳐지고, 각막이며 수정체며 죄다 혼탁해져서 눈동자 뿌옇고…. 그 바람에 외관상 좋지 않은 인상을 주게 되는 경우가 대부분이라고 해. 사회적 기술 측면에서 외모, 퍽 중요한데 말이다.

잊지 않아 볼게. 나 아닌 누군가를 위해 까만 실눈일지언정 뜨고 있어야 연결 모드가 가동된다는 것을. 팔다리 근력을 넘어 눈꺼풀 근력, 그것에도 '힘'이란 놈 한번 실어보자.

'설리번'이 누구

강산아, 절기가 참 묘해.
가을이 도둑처럼 오는지 간밤에는 창문 열어 놓고 잠자기가 어렵더라고. 단 이틀 사이 변화라기에는 너무 천연덕스러운 거 아니니?

오늘은 마음먹고 컴퓨터를 켜서 오디오북 파일을 다운받았어. 응, 누나 수업 시간에 학생들과 함께 들으면 좋을 것 같은 콘텐츠. 누나 학교에는 시각장애뿐 아니라 지적장애를 겸한 중도중복장애 학생들이 많아. 단순 시각장애 학생의 경우 학습 매체만 보완해 주면 얼마든지 꿈을 펼쳐볼 여지가 있지만, 지적장애를 수반한 친구들은 사실 취업이나 자립이 더 어려운 형편이지.

누나가 일주일에 두 시간 들어가는 학급이 그래. '자립생활 전공과'라고 하는 과정인데, 중복장애 친구들이 바리스타나 제빵 기술을 배워서 취업을 준비하는 거야.

요근래 우리의 키워드는 '설리번'이었단다. '설리번 플러스'라고 시각장애인에게 사물이나 인물 사진을 음성으로 설명해 주는 애플리케이션이 있어. 가령 누군가 카톡으로 누나에게 사진을 보내주면, 누나는 그것을 확인할 길이 없잖아. 그럴 때 설리번 플러스 앱을 실행하여 사진을 텍스트로 변환, 출력하는 기능을 이용하면 그 내용을 알 수 있는 거지.

누나가 설리번 플러스 앱으로 옆 사람 사진을 찍잖아?

"40대 여자가 회색 치마를 입고 의자에 앉아 웃고 있습니다." 이런 식으로 묘사를 해줘요.

이 기능 알자마자 학생들 신바람이 났지. 서로 찍고 찍히는데, 찍을 때마다 인물의 나이가 다르게 나오는 거야.

"뭐야. 윤희 누나 나이가 28세로 나오네. 노안이심?"
"선생님, 50대세요? 얘가 선생님 50대 여자라고 하는데요. 다시 찍어 볼게요."

문제는 학생들이 '설리번'이 누군지를 모르더라는 거였어. 당장 EBS 라디오에서 들었던 황혜진 작가의 《헬렌 켈러, 사흘만 볼 수 있다면》 낭독 파일을 찾았지.

"얘들아, 눈도 안 보이고, 소리도 못 듣고, 말도 못 하면 어떨 것 같아?"

"죽어야지요."

'설리번'이 누구

어머, 언니 시크하시기도.

"그래. 죽고 싶을 만큼 힘들겠지? 그런데, 실제 그런 사람이 있었대. 이름은 헬렌 켈러. 미국에서 태어나 퍼킨스맹학교에서 공부했대. 세계적인 명사로 자라 소외된 이웃을 위해 아름답고 가치 있는 사회운동을 하셨다는구나. 생후 19개월에 열병을 앓으면서 아무것도 볼 수 없고, 들을 수 없고, 말할 수도 없게 된 헬렌을 이렇듯 훌륭한 사회 활동가로 키워낸 선생님이 바로 앤 설리번이야."

"아아!"

고맙게도 학생 모두가 이야기에 제법 집중했어. 누나에게도 우리 학생들에게도 교양과 지식을 공급해 주는 오디오 콘텐츠가 새삼 귀하고 귀하다.

3부

낙엽 냄새가
코에 스미면

걸어도
걸어도

 강산이는 청명한 가을 휴일에 뭐하고 놀았어? 누나? 경사스럽게 오늘도 만 보를 찍었단다. 활동지원사 님이 부지런히 새벽 댓바람부터 출근하신 덕택에 누린 호사야.

 우리 강산이도 산책하는 것 무턱대고 좋아했었는데…. 누나가 강산이 옷만 만지면 그 덩치로 펄쩍펄쩍, 꼬리가 회오리바람을 일으켰었잖아.

 너로 인해 누나 오가는 계절을 피부로 느낄

수 있었는데. 가을 한복판에서 한 시간 남짓 고요 속을 걷고 있자면, 맵싸한 낙엽 냄새가 났어. 기분 좋은 산들바람 맞으며 왼손에 잡은 하네스가 마치 핸들인 양 부드럽게 주행하는 거야. 그때 그 길, 누나 오른쪽 어깨에 잔뜩 붙은 도깨비풀 뜯어내는 것도 제철 숙제였다.

　강산이랑 나란히 낙엽 밟으면 무르익은 가을 소리가 났어. 교정 한켠에 열심히 쓸어 모아둔 은행잎 더미, 너에게는 폭신한 천연 보료였잖아. 낙엽 쌓이고 모과가 떨어져 땅바닥에 굴러다니면 누나 겉옷은 맥없이 두꺼워졌단다. 남들보다 일찍 체감하는 가을 끝이었구나.

　아침 7시, 버스정류장까지 40분 걷는 길에는 유독 겨울이 빨리 오는 것 같았어. 출근할 때는 추위가, 퇴근할 때는 어둠이 그 길을 장악했으니까. 인적 없는 대로변, 우리 둘이 수도 없이 오갔던 그 길에 쌓인 낙엽 한 장 한 장에 깃들었을 외로움도 두려움도 이제는 아련한 그리움이 되었구나.

걸어도 걸어도

피아노를 쳐요

 학교에 부임한 첫 해, 어찌저찌하다가 누나에게 각종 교외 대회 반주 업무가 떨어졌어. 초등학생 때 교회에서 반주자를 했었다고 말한 것이 화근이었지.

 공식적인 업무로 내게 부여된 임무잖아. 그날로 피아노 학원을 찾은 거야. 다행히 퇴근길 버스 정류장 근처에 작은 교습소가 하나 있었어. 여자 선생님 혼자서 학생들을 지도하시는데, 성격도 좋으시고, 목소리에 남다른 에너지가 느껴지는 거야. 흔쾌히 누나 수강을 수락해 주셨지.

당장 숙달시켜야 할 곡이 두 곡이었어. 피아노와 멀어진 것이 어언 10년인데, 아무리 동요여도 독창 부문 전국 대회에서 반주자가 실수하면 큰일이잖아. 심장 떨리더라. 대회 날짜가 다가올수록 출전하는 학생보다 내가 더 긴장을 했어.

시작은 그렇게 에누리 없는 압박감에서부터였단다. 전국 독창 대회도 지역 합창 대회도 끝난 다음에야 비로소 내가 좋아하는 대중가요를 배울 수 있었어.

강산이도 누나 피아노 소리 듣는 시간 좋았던 거 맞지? 누나에게는 모처럼 찾은 취미 활동이 퇴근하고 무료했던 일상에 꿀 같은 휴식이었어요. 산들바람 부는 가을 저녁, 피아노 한 시간 치고 걸으면 그렇게 기분 좋을 수 없었어. 강산이 믿고 느슨한 마음으로 계절을 만끽하며 걷는 거야.

이런저런 생각에 깊이깊이 침잠하여 걷다 보

면 금세 우리 집 앞이었다. 우리 똑똑이가 한 치의 오차도 없이 누나를 안내했으니까. 교회며 학원이며 강산이가 있어 가능한 선택지였어.

내 평생 그 시절이 가장 자유로웠구나. 외롭기는 했어도 온전히 혼자일 수 있었던, 치열했지만 썩 매력적인 고독이었어.

안마사로서
효능감을 느껴

"선생님, 이거 봐. 이게 어제 정형외과에서 물 빼고 온 무릎이다."
"많이 부우셨네. 아프시겠어요."

동료 선생님인데, 어깨며 무릎이며 누나 단골 손님이시란다. 강산이도 기억할 거야. 우리 처음 이곳에 뿌리내릴 적에도 계셨던 선배. 강산이, 아니 너 말고, 팔도강산 할 때 그 강산이 두 번이나 변한 세월이 새삼스러워.

인생 누구에게도 호락호락하지는 않은가 보

다. 무릎이 잔뜩 부어서 주변 경혈점에 간단히 무통침을 놓았어. 그런 다음 향기로운 오일 도포, '발 마사지'를 시행했지.

이래봬도 누나 《안마·마사지·지압》 국정 교과서 집필진이었잖니? '발 마사지' 단원을 제일 신명 나게 공부했었는데. 그냥 '발'이 짠해서. 우리 몸에서 가장 대우 못 받는 부위인 것 같고, 항상 신발 속에 갇혀 고생하는데, 냄새난다고 구박까지 받잖아.

통통 부은 무릎부터 달래줘야 했어. 통증이야 하루아침에 해결될 일 아니고, 우선은 정맥 순환을 잡아야겠더라고. 이전에도 어깨 통증 때문에 누나에게 침 맞고, 편해졌다며 굳이 선물을 쥐여 주셨더란다. 그냥 누나 손이 좋다고, 효과 봤다고 반색하는 모습이 사실 난 더 좋아서 하는 일인데 말이지.

'발 마사지'한 이튿날 회의가 끝나고 나오면서 선생님이 내 손을 덥석 잡으시는 거야.

"선생님 아침에 일어났더니 글쎄 진짜로 내 무릎이 날씬해진 거 있지. 고마워요."

요즘은 아침에 형 눈 주변 근육을 풀어주고 있어. 귀찮아도 주물러 주면 머리에 뚜껑이 하나 없어진 것 같다고 하고, 눈이 밝아졌다고 하니까 또 재미가 나는 거야.

정작 고등학교 시절에는 안마 과목 공부가 그렇게 하기 싫을 수 없었어. 내 의지로 선택하지 않았을뿐더러 안마사의 길보다는 대학 진학을 준비하고 있었으니까. 안마 관련 과목으로 구성된 맹학교 교육 과정이 원망스러울밖에.

어린 마음에 내가 맹학교 다니고 싶어 다니는 것도 아니고, 쓸데 없이 이런 과목은 왜 배워야 하는지 뾰족한 불만만 무성했구나.

선생님께 안마 실습하는 날이면 손가락은 물론 온몸이 아팠어. 체력적으로도 힘들고, 연습에 목표나 흥미가 모래알만큼도 없었으니. 돌아

안마사로서 효능감을 느껴

보면 고등학교 3년은 방과 후에 별도로 이루어지는 진학반 수업이 학교 생활의 전부였던 것 같아. 정규 수업에 주요 교과 시간이 턱없이 부족하니, 인근 대학에서 학습 봉사 활동 나온 대학생 선생님들의 도움이 매우 컸지.

강산이도 기억하지? 3년을 꼬박 누나 국어 공부 가르쳐줬던 혜영 언니. 언니 신혼집에 강산이도 갔었잖아.

고운 님들의 선행으로 한 자 한 자 배우고 익혀 누나 특수교육과에 입학할 수 있었어. 준등 특수교육과를 졸업하면서 몸담은 직장이 지금 여기, '이료[4]교사'라는 신분으로 학생들을 가르치게 된 거야.

이료교사로 살면서 누나가 가장 보람 있을 때는 말이야. 옹이진 나무 둥치처럼 울퉁불퉁한

---

[4] 이료란 안마·마사지·지압과 같은 수기요법 및 침, 뜸, 전기치료 등의 기타 자극요법을 총칭하는 말이다. 시각장애 특수학교에서는 직업 교육으로 열 개의 관련 과목을 가르친다.

어깨 허리들이 이 손끝에서 녹아내릴 때, 그 뾰족한 목소리들이 둥그러질 때야. 누나가 살면서 받게 되는 선의에 대한 최선의 보답인 것 같아서.

밤이 깊어진다.

귀뚜라미 소리 자장가 삼아 누나 이제 자야겠다.

안마사로서 효능감을 느껴

가을
가을해

정읍 내장산 단풍, 강산이 기억나니?

누나 결혼하고 얼마 안 되었을 때 형아 차 타고 같이 갔었잖아. 가방 속에 우리가 먹을 간식과 컵라면, 물까지 챙긴 남자 어깨가 무거웠을 텐데. 형이 있어 강산이 하네스는 풀고 가볍게 걸었지. 물소리도 새소리도 들렸어.

주말이었고, 늦가을이었고, 오가는 등산객을 드문드문 마주치는 한가한 숲길에서 뭐가 급해 그렇게 서둘러 걸었을까.

숲속을 걷고 있으니 좋은 향기가 났어. 운동 좋아하는 남자와 결혼한 덕에 누나도 강산이도 그냥 집에 있는 주말이 거의 없었잖아.

구절초다 코스모스다 가을 꽃이 피면 내장산은 전국 각지에서 몰려든 인파로 붐비는데, 그날은 유독 호젓했어.

걷다가 걷다가 힘이 들면 남편을 졸라 한 박자 쉬고, 한번 벤치에 앉으면 좀처럼 일어서려고 하지 않는 누나와 강산이를 참다못한 형이 채근해서야 주섬주섬 자리를 터는 거야.

낙엽은 푹신한 카펫 같고, 발끝에 송이송이 만져지는 솔방울 주워 던지기도 하며 산의 살갗을 감각했어.

강산이 보기에는 내장산 풍경 아름다웠니? 풍경은 둘째치고 그날 너 물에 빠졌던 것만 기억난다고? 스타일 구겨져서 심기가 꽤나 불편하셨다고?

가을 가을해

그러게나 말이다. 강산이랑 누나가 같이 건널 수 없어서 누나는 형아 손을 잡았잖아. 점프력 좋은 우리 강산이가 폴짝 뛰면 건널 수 있을 줄 알았지.

돌이 미끄러웠을까? 강산이가 그렇게 물에 빠져버릴 줄은…. 얕은 개울이었으니 망정이지 누나 얼마나 놀랐게.

도도한 강산이 모양 빠지게 미끄러진 흑역사로구나. 흠뻑 젖은 네가 춥지는 않을까 염려가 됐지만, 마땅히 물기를 닦아줄 만한 수건 같은 것이 당장 없는 거라. 열심히 걸어서 쉴 만한 곳을 찾아 간식 먹는 것으로 그 굴욕을 위로하려 해보았다만. 형아가 껄껄 웃으며 너 퍽이나 놀려댔었다.

강산이는 간식을 먹고, 형아는 분주하게 컵라면을 말았어. 늦가을인데도 가만히 앉아 있자니 한기가 느껴지더라고. 팔다리 다 젖어버린 너는 오죽했겠니. 다행히 우리 튼튼이 감기도 안 걸리고 그날 등산을 잘 마쳤단다.

 문득 낙엽 냄새가 누나 코에 스밀 때면 그 가을 우리 셋 등산이 어김없이 떠올라.

가을 가을해

추억 한 접시
추가요

토요일 아침인데, 출근하는 평일과 똑같이 일어나 밥을 짓고 외출 채비를 했어. 한밤중인 유주가 깨지 않도록 살그머니 식사를 했네. 오랜만에 조그라미를 만나기로 했거든.

여유 있게 장애인 콜택시를 접수했는데도 결국 일반 택시를 타야 했어. 기차가 정차하는 지역마다 조그라미와의 추억이 서리서리 쌓여 있었으니. 공주를 지나면서는 수국꽃이 떠오르고.

'언젠가 짙푸른 가을날 친구 차를 타고 공주

대학교 수국꽃을 구경했었더랬지. 그날 함께 먹은 밤빵과 타르트 완전 꿀맛이었는데….'

반가운 친구와 접선을 했어. 차에 타자마자 조그라미 추천템들을 쏟아놓는 거야. 이 언니 정말 못 말려요.

"이 비누로 속옷 빠니까 너무 깨끗하고 좋더라. 써봐. 이거 선크림인데 백탁도 없고 아주 좋아. 써봐."
"흐미 나 오늘 선크림 사려고 했는데 어찌 아시고? 돗자리 까셔야겠어."

시작부터 예사롭지 않지?
강산이도 조그라미 누나랑은 추억이 많잖아.

우선 카페에 자리를 잡았어. 맛있는 샌드위치와 향기로운 커피를 앞에 놓고서 글쎄 조그라미가 이 책 중독자에게 따끈따끈한 신간 서적을 읽어주기 시작했나니. 심지어 공진하 저자 친필 사인본을 말이야.

추억 한 접시 추가요

《그림책 읽는 나는, 특수학교 교사입니다》 책을 만져봤어. 앞날개 글귀와 프롤로그, 에필로그며 목차, 뒷날개까지 조그라미가 읽어줬다. 내가 좋아하는 공간에서 우아하게 커피와 샌드위치를 먹으며 듣는 실시간 낭독이라니. 완벽, 그 자체였지.

다음은 쇼핑. 여름이 갔으니 긴소매 때때옷을 마련해야 하지 않겠어? 쇼핑센터 광장에 분수 소리가 영락없이 파도 소리 같은 거야. 시원한 음료를 마시면서 조그라미에게 말했지.

"친구야 눈 감고 들으면 이 소리 제법 파도 소리 같다."
"어, 맞네."

조그라미라서 누나가 이런 엉뚱한 소리도 편하게 해. 오후에는 누나 염색도 했다. 나는 알 수 없는 내 외모를 살펴주는 눈이 필요하다 말하는데, 여부가 있겠습니까.

강산아, 조그라미는 누나를 만날 때 특히 공들여 화장을 한대. 내가 볼 수 있고 아니고를 떠나 그냥 친구의 마음가짐 같다고.

때때로 가족 같지만, 가족이 아니라서 서로 털어놓게 되는 얘기가 있어. 할머니 되어서도 지금처럼 같이 놀자 약속하는 친구.

강산이가 봐도 명품 우정 맞지?

추억 한 접시 추가요

그냥 강산이
네가 그리워

완연한 가을이었어.
 유주 어렸을 때도 여러 번 갔던 생태 공원 바다 생물관으로 가을 소풍을 간 거야. 근로지원인 안내를 받아 스카이워크에 올라갔는데, 바람 시원하더라.

 고등부 여학생들이 꺅 비명을 지르고, 무섭다며 내려올 때까지 울먹이는 양이 귀엽기도 하고. 맹학생 중에는 시력이 남아 있는 학생들도 있어서 사물을 식별하거나 일반 활자책을 읽을 수 있는 친구들이 있어. 스카이워크에 올라 내려다보는 풍경이 멋지면서도 머리카락 쭈뼛 겁이 날만도 하지.

누나야 뭐 사실 아무 상관이 없지만 말이다. 우리 강산이 함께였다면 고소공포보다는 구멍 송송 난 철제 구조물 다리에 겁을 집어먹었을지도.

누나에게 산책의 묘미를 알려준 이가 바로 강산이 너였잖니. 덕분에 누나 그 힘든 시절 버틸 수 있었어. 걸을 수 있었으니까. 강산이는 밤이고 낮이고 묻지도 따지지도 않고 묵묵히 누나랑 걸어줬으니까. 모델 같은 자태로 꼬리를 살랑살랑 흔들면서 워킹하던 우리 귀공자. 답답할 때마다, 걷고 싶을 때마다 누나 강산이가 얼마나 사무치는지 몰라.

그런데 요즘은 공원에 나가면 반려견 친구들이 정말로 많아. 안내견 보행할 때 가장 큰 유혹이 멍멍이들이라서. 이 시대 안내견 사용자들은 어찌 안전 보행을 할까 내심 궁금해지기도 해.

그냥 강산이 네가 그리워

강산이, 보고 싶네.

너는 누나가 보이니? 그때보다 많이 뚱뚱해졌다고? 노력 안 하는 건 아닌데, 쉽지가 않다. 강산이는 하루 한 끼밖에 못 먹었는데….

우리 강산이 진짜로 고생 많았다. 가을 남자 강산이가 그리워서 누나 안내견 나라를 만나고 왔어요. 그런데, 나라는 강산이가 아니고, 강산이가 될 수 없고, 강산이를 더 생각나게 할 뿐.

그냥 강산이 네가 그리워.
안내견 말고 강산이가 이 밤 누나는 너무너무 보고 싶다.

시스템이
중요해

 강산아, 누나 인생 배경이 '학교', 그러니까 배움터라는 사실이 새삼 얼마나 감사한지 모르겠어. 누나 근무하는 학교에는 '이료재활전공과'가 있다고 했잖아. 질병이나 사고로 중도에 실명한 성인들이 재활과 직업교육을 받는 2년 과정. 10월 말이 되면 보통 1학년 학생들이 살살 임상 실습에 참여할 준비를 해요. 누나는 올해 2학년 실습 담당이고, 졸업반 학생들은 지역 주민들에게 선생님 감독하에 실제로 안마 시술을 하는 거야.

물론 무료로 하지. 1학년 병아리들이 지역 주민들에게 직접 안마를 할 수 있을 만큼 손이 익었는지, 누나가 먼저 받아 봐야 임상 실습에 투입할지 말지 견적이 나오지 않겠어? 피술자들이 느낄 수 있을 불편 사항이나 개선점을 사전에 파악할 목적으로 한 번씩 받아보는 건데, 학생들 입장에서는 무슨 '테스트'를 받는 기분이드나 봐. 번듯하게 사회생활 하던 어른들인데, 엄청 각 잡혀서 긴장들을 하시는 거야.

사실 누나가 그들보다 나이도 사회 경험도 짧은데, 땀 뻘뻘 흘려가며,

"열심히 하겠습니다. 잘 부탁드립니다."

너무 진지하고 깍듯한 모습에 마음이 짠해지고 말았단다.

이료재활전공과 1학년과 2학년 사이에는 제법 큰 강이 있는 거 같아. 실명 후 지독한 절망에 빠져 집 안에만 칩거하던 신입생들이 시각장

시스템이 중요해

애인이 된 자신을 인정하는 한편 같은 처지에 있는 급우들과 어울리며 본격적인 안마사 사회로 진입하게 되는 거야. 그 과정에서 소소한 갈등 상황이 빚어지기도 하지만, 대부분 인품이 워낙 좋아서 서로 양보하고 타협하며 졸업을 맞이해.

안마는 서비스업이잖아. 영업력 좋은 학생들은 지역 주민들과도 친근하게 관계를 맺어. 창업을 하고, 사업가로서 입지를 다져가는 거야. 교실이 바뀌고 안마 실습 대상이 바뀌는 환경적인 진급 시스템이 학생들의 안마 연습 동기를 자극하는 데 퍽이나 효과적이라는 사실을 다시 한 번 실감한단다.

2학년이 되면 급우들끼리 안마 연습을 하는 것이 아니라 지역 주민들에게 실제 임상 실습을 하고 평가서를 누가기록해 학생들에게 피드백을 주거든. 안마 대상자가 바뀌고 다양한 사람들의 피드백을 종합하며 훈련하는 일 년 세월이 이 병아리들을 어엿한 '국가 공인 안마사'로 성장시키는구나.

 다음 주에는 1차 고사가 있어. 안마사가 되기 위해 이론과 실기를 무려 열 과목이나 공부해야 해. '해부생리' '한방' '이료임상' '진단' '병리' 등 외울 것도 많아요. 거기에 '점자'니 '보행'이니 '보조공학'이니 재활기술도 부지런히 섭렵해야 하고.

 누나는 문득문득 우리 학생들에게 배운단다. 결코 녹록지 않은 삶을 대하는 그 진솔한 걸음걸음에 스민 '괜찮은 태도'를.

시스템이 중요해

읽고
또 읽고

한글날이야.

누나가 손끝으로 촉독하는 점자는 송암 박두성 선생님이 시각장애인을 위해 만드셨단다. 세종대왕이 '훈민정음'을 반포했다면 박두성 선생님은 '훈맹정음'을 반포하여 여섯 개의 점으로 열리는 무궁무진한 문자 세계를 선사하셨지.

이런 날 누나는 집콕하며 '독서삼매경'을 누렸구나. 최진영 작가의 소설집 《쓰게 될 것》을 읽는데, 문장 문장이 칼 같아. 누나의 무딘 폐부를 사정없이 찌르고, 뼈를 때리는 느낌이야. 〈홈

스위트 홈〉은 몇 번을 반복해서 읽었는지 몰라.

"엄마, 잘 기억해. 나는 꼭 작별 인사를 남길 거야. 마지막으로 내가 한숨을 쉬면 그건 사랑한다는 뜻이야. 비명을 지르면 그건 사랑한다는 뜻이야. 간신히 내뱉는 그 어떤 단어든 사랑한다는 뜻일 거야. 듣지 못해도 괜찮아. 나는 사랑을 여기 두고 떠날 거야."[5]

울컥 눈물이 났어. 너도 알다시피 누나 유독 엄마에게는 말 곱게 안 하는 딸이잖아. 곰살맞기는커녕 하루가 멀다 하고 짜증 내고 신경질 부리고. 최진영 작가 작품을 읽고 있으면 그냥 나와 천착하는 곳, 혹은 관점의 온도가 비슷한 것 같아서 유독 몰입이 돼.

강산아, 소설은 인간을 탐구하는 과목 같아서 참 좋다. 소설 창작을 공부해 보니까 한 인물이 비로소 완성되는 과정, 개인의 역사, 환경과 배

---

[5] 《쓰게 될 것》, 최진영, 안온북스, 2024.

경의 중요성을 어렴풋이나마 알 것 같은 거야. 개인과 개인의 갈등은 물론이요, 개인과 사회의 갈등에 대해서도 생각하게 되고, 카메라 렌즈를 움직이며 바라보듯한 사건과 시점을 다각도로 조망하게 되고. 인간을 함부로 단정 지으면 안 될 것 같은 조심스러운 태도를 배우게 되더라고.

누나에게 읽기는 그런 것 같아. 텍스트에 담긴 깊고 정갈한 사유 수혈 받기 혹은 저자와의 아주 예의 바른 만남이랄까.

녹서를 보통 간접 경험이라고 하잖아. 누나는 객관적으로 신체 건강한 사람들에 비해 직접 경험 폭이 좁을 수밖에 없으니까. 그렇게 내 안에 내가 점점 굳어져 사고가 편향되거나 좁아질까 봐 사실은 많이 두려워.

그래서 의식적으로 어떤 자극을 추구하는 거야. 다른 사람들은 위기 상황에서 어떤 선택을 하는지, 한 인격체가 완성되기까지 환경과 유전의 영향은 얼마나 큰지, 끝나지 않는 화두인 사랑·증오·배신·복수·용서 등 인간의 긍정 혹은 부정의 감정은 무엇으로부터 기인하는지, 성숙한 인격체로 거듭나기 위해 내가 할 수 있는 것이 무엇인지 독서를 통해 찾고 찾고 또 찾는 거야.

번번이 책은 친절했다. 누나의 빈 시간과 마음을 가만히 채워줘. 밤이고 낮이고 언제든 만날 수 있는 편한 친구요, 스승이로구나.

그런
그릇이었으면

소설 창작 강의를 들었어.
시각장애인들을 위해 음성으로 강의를 녹음해 주셨구나.

먼저 드림 다이어리를 써보라고 말씀하셨어. 지금 당장 이루지 못할 것도 괜찮다고, 다만 잊지 않고 가슴에 품고 있으면 반드시 때가 온다고. 누나는 앞뒤 없이 '소설가'라는 단어가 마음 가득 차올랐어.

나를 무엇으로 상징할 수 있을까?

브레인스토밍으로 소재를 길어 보라고 하셨어.

　누나?
　우선 떠오르는 단어는 '곰'이야.
　미련하고 느리고, 마늘을 잘 먹어요.

　다음은 '포장지'.
　순해 보이는 파스텔톤으로 나의 시커먼 속내를 가리고 싶어요.

　마지막으로 '일력'.
　날마다 새롭게 다시 태어나고 싶어.

　사건, 시간, 상황, 심리를 서술해 가다 보면 서사가 만들어진다는데, 도대체 어떻게? 아홉 살 때부터 이야기에 파묻혀 살았건만 어쩌면 이토록 완벽하게 막막할 수가 있단 말이니?

　누군가를 저격하지 않으면서 장애인과 비장애인 사이에 흐르는 강을, 각각의 선량함 앞에 철저히 차단된 어떤 유리막 같은 미묘한 공기를

그런 그릇이었으면

낱낱이 담아낼 이야기였으면…. 차별, 운동, 항의, 투쟁 이런 색깔 아니고 지극히 보통 사람 사이 생기는 갈등 상황이었으면…. 장애인이 주인공이어도 신파나 인간 승리 프레임 바깥 치열한 세계를 담아낼 수 있었으면….

가령 장애인에게 친절하지 않은 비장애인은 무조건 나쁜 사람일까? 장애인에게 친절한 사람은 모두 착할까? 장애인 가까이에 있는 사람이 가장 힘든 부분과 그 이유는 무엇일까?

50퍼센트 할인에 익숙한 장애인은 온전한 1이 될 수 있을까, 없을까? 나아가 $1+a$를 꿈꾸는 것이 가당키는 할까?

장애인이 사람 노릇할 수 있는 최소한의 무기요, 편리한 수단으로 돈 외에 무엇이 있을까? 내가 사랑하는 사람들에게 돌봄이 필요할 때 나는 어떤 의미가 될까?

도덕적으로 깨끗한데 실속이 없는 사람과 반

칙 따위 아랑곳하지 않으며 결과를 내놓는 이는 누가 더 우위일까? 인간의 쓸모 있음과 없음의 척도는 과연 무엇일까?

그냥 이런저런 화두를 담아낼 수 있는 그릇이었으면 좋겠어. 강산이가 그 옛날처럼 누나 안내해 주면 안 되겠니?

"문 찾아. 이야기 공장으로 들어가는 문."

우리 강산이 마트 문도, 교회 문도 잘 찾았으니, 이번에도 솜씨 한번 발휘해 주라.

그런 그릇이었으면

고장은 낳어도

강산아, 점자도서관 온라인 독서 토론 도서로 이번에는 백정연 작가의 《장애인과 함께 사는 법》을 읽었어. 척수장애가 있는 남자와 부부가 되어 사회복지사, 실무사 너머 가족으로서 가지는 생각, 겪게 되는 보람과 울분 묻은 에피소드를 가지런히 담은 에세이야.

"남편은 도움벨을 싫어한다. 도움벨을 누르는 것은 누군가에게 도움을 요청하는 것인데, 왜 장애인은 이렇게 매번 도움을 요청할 수밖에 없는 환경에서 살아야 하는지 모르겠다며 답답해

한다. 그래서 회사 옆 은행에 갈 때도 바로 들어갈 수 있는 정문이 아니라 빙 돌아가야 하는 후문을 선택한다. 정문으로는 도움과 도움벨 없이 진입할 수 없는데 후문으로는 혼자 들어갈 수 있기 때문이다."[6]

도움벨이 필요 없는 사회를 꿈꾸는 저자의 외침. '도움벨'로 한정되는 관계. 도움을 주는 이와 받는 이의 세계가 다를 수밖에 없는 구조. '취약계층' '소외계층'도 마찬가지라고 생각한 적이 있었어.

얼굴 없는 천사의 기부 소식이 보도될 때 혹은 국회의원들의 웃지 못할 연탄 투혼을 선전할 때, 주는 자의 선의가 빛나기 위해 받는 자의 무능이 만천하에 부각되어야 하는. 누군가는 '도움벨'이 있어도 불평이냐고, 도대체 끝이 없다고 선을 그을지도 모르겠다만.

---

[6] 《장애인과 함께 사는 법》, 백정연, 유유, 2022.

고장은 났어도

"언젠가 걸을 수 없던 사람이 로봇을 입고 걷게 되는 영상을 본 적이 있다. 친한 척수장애인들과 술을 마시면서 웨어러블 로봇에 대한 의견을 물었더니 모두 "실변이나 급똥으로 빨리 화장실에 가야 되면 로봇을 어떻게 벗지"라고 하며, 절대 안 입는다고 진심을 담은 농담을 했다."[7]

그러게. 당사자가 아니면 절대 알 수 없는 사정이라는 것이 있어요. 찬반 논제 중에 위에 상황을 들며 장애 당사자인 우리의 의견을 묻는 질문이 있었어. 누나? 극단적 현실주의자로서 헛된 꿈은 안 꾼다고 답했지.

양안이 의안인데 의학이 발달하기를 기다린다거나 죽기 전에 유주 얼굴을 보고 싶다거나 뭐 이런 바람 같은 것, 덤덤하게 도려낸 지 오래이기도 하거니와 나는 지금 여기에서 유주 웃음소리 듣는 것이 더 행복하단 말이오.

7 앞의 책.

너나 나나 한 번 사는 인생인데, 가지지 못한 것에 연연한 시간 이미 오버타임이라서. 살짝 억울한 감이 없지 않지만, 고장 난 몸들이 조금 더 편하게 화장실 갈 수 있는 세상이면 좋겠다.

'왜 하필'로 시작하는 푸념 늪에서 누나 헤어나올 수 있도록 찬바람 맞으며 같이 걸어줘서 고마워.

고장 난 눈 대신 따뜻한 손 마주 잡고 살아볼게. 비주얼 바깥에 존재하는 아름다운 가치를 눈 아닌 몸으로 감각할 거야.

고장은 났어도

결실

 오늘은 예비 안마사 학생을 인솔해 병원에 진단서 발급을 위한 건강검진을 다녀왔어. 안마사 자격증을 취득하려면 의사 진단서가 필요해. 안마를 받으러 다녀도 모자란 연세에 누구보다 성실하게 공부하고 시험 치고 실습한 모범 학생의 값진 결실이구나.

 금주로 지역 주민을 대상으로 하는 안마 임상 실습도 마감했어. 어느새 올해 업무를 종료해야 하는 시즌이야. 생활기록부도 쓰고 개별화 학기 평가도 쓰고 2차 고사 성적 처리도 하고. 그렇게 쓰고 고치고 마감하고 제출하다 보면 겨울방학식이겠지.

　2년 동안 손가락 아파하면서 고생한 학생들이 안마사 자격증 신청을 위해 진단서를 받아 오면 본격적으로 취업을 준비하게 돼. 거주 지역 인근 아파트 경로당에 출근하여 어르신들 건강을 관리해 드리기도 하고, 일반 기업체에 고용되어 사원들 건강을 책임지기도 하지. 졸업생 중에는 직접 안마원을 창업하여 유능한 사업가로 활약하는 가장도 다수 있어.

　'안마사 자격증'이라는 결실 앞에 누나 마음이 뭉클해지는 이유는 이래. 집 밖으로 한 발짝도 떼지 못하던 무력한 '장애인'이 손 아파 죽겠다고 투덜거리면서도 생소한 의학 용어 착실하게 공부하는 '학생'이 되고, 나아가 국가 자격증을 소지한 '근로자'로 다시 태어나는 공인된 표식이기 때문이야.

　고립되지 않는 것은 물론이요, 급여 받는 보

람 느끼면서 실명하기 전과 같은 자존감 회복하기까지 퍽이나 지난한 세월이니까.

누나는 우리 학생들이 몸은 불편해도 이 사회에 보탬이 되는 생을 살았으면 좋겠어. 작은 것이라도 베풀 줄 알고, 건강하게 자기를 사랑하면서 타인을 배려하는 세련된 삶이라면. 장애 비장애를 떠나 더불어 행복할 수 있지 않을까.

4부

첫눈 온다고
말해주고 싶었어

일단
성공

 겨울이 오니 누나는 강원도에 그 설원이 떠올라. 강산이 기억 나? 너와 함께했던 첫 여행. 폭신한 눈밭에 우리 나란히 발자국 찍었잖아. 무슨 영화의 한 장면처럼 아예 하늘 보고 눕기도 했었다.

 '취업.' 누나에게는 벅차기도 버겁기도 한 관문이었어. 3월부터 펼쳐질 특수교사의 역할도 낯선 지역에서의 적응도 풀기 어려운 숙제만 같았구나. 그럼에도 불구하고 우리 집에서는 큰딸의 취업이 더없이 기쁜 경사였으니, 모처럼 가족들이 다 함께 나들이를 나간 거야.

 미시령 고개를 경계로 해 거짓말처럼 펼쳐진 하얀 나라 앞에서 식구들이 환호했었지. 터널 밖으로 나와서부터는 자동차들이 영락없이 거북이걸음이었단다.

 늦은 밤이 되어서야 당도한 콘도. 식당에 가도 카페에 가도 누구 하나 강산이 출입을 제한하는 이가 없었어. 시골에서와는 사뭇 다른 분위기.

 거기서도 강산이 배변 장소를 물색해야 했겠지? 주변 사람들에게 피해가 되지 않는 선에서 깨끗하게 뒷정리하는 것은 기본. 일행과 함께일 때는 사실 장소 찾는 것이 그렇게 어렵지 않았어.

 낯선 장소, 이른 새벽이면 누나 엄마가 종종 대신 DT를 해주셨는데, 강산이에게 이런저런 속얘기를 많이 하신다고 했어. 누구에게도 털어

일단 성공

놓지 못한 당신의 아픈 가슴 강산이에게는 다 터놓으실 수 있었나봐.

그저 묵묵히 걸어주는 자체로 너는 우리 가족에게 커다란 위안이었구나. 우리 강산이 취향도 한낮 소란스러운 여행지보다는 고요한 새벽 우아하게 산책하는 쪽이었으니.

그때 누나 엄마 눈물도 봤다고? 입 무거운 강산이라서 속내 잘 표현 않는 우리 엄마도 그럴 수 있으셨을 거야. 눈먼 딸이 취업하긴 했는데, 타지에서 잘 버틸 수 있을지, 강산이가 같이 있기는 해도….

그 속을 누가 다 알 수 있겠니. 딸 낳아 키워 보니까 쌀 한 톨만큼 짐작이 되더이다. 대학 들어갈 때는 졸업할 수 있을까 싶었고, 강산이 만날 때는 친해질 수 있을까 전전긍긍했어. 형아 만나서는 결혼을 욕심내도 될까 망설였고, 유주를 품에 안고서는 부모로서의 삶이 두렵더라.

눈앞에 당장 넘어야 할 고개 하나만 생각하며 여기까지 온 것 같아. 취업이라는 인생 사건에 너 함께여서 누나 행복했어.

소복소복 쌓인 우리 추억에 그리움 가득 실어 별이 된 너에게 보내.

일단 성공

귀 기관에 무궁한 발전을 기원합니다

강산아, 오늘은 누나 학교에서 특별한 미팅이 있었어. 어느 착한 기업체에서 공들여 제작한 점자 달력을 기증해 주신 거야. 계산하기 좋도록 토요일마다 음력 날짜를 표시해 주셨어.

2월 3일이 한국수어의 날, 4월 마지막 주 수요일은 세계 안내견의 날이래. 넌 알고 있었니? 6월 27일 세계 시청각장애인의 날, 10월 30일 장애인 직업재활의 날, 11월 22일 김치의 날까지.

우리가 공식적으로 기념하는 흰 지팡이의 날

이나 점자의 날 외에 이렇게나 다양한 날짜가 있었던 거야. 사용자들 개별 니즈에 따라 표시하기 좋도록 달력 뒷장에는 각종 모양과 숫자 입체 도형 스티커 페이지도 마련해 두셨더라.

제일 아랫부분에는 월별로 점자 색인이 찍혀 있어서 그 부분만 만져보면 한번에 필요한 페이지를 찾을 수 있도록 구성했는데, 이 작업을 디지털 접근팀 담당자가 인쇄소에 머물면서 한땀 한땀 수작업하셨다더라고.

장애인 당사자로 관련 기관에 근무하다 보니, 착한 기업체들이 사회 공헌 활동으로 보내주는 선행을 종종 목격하게 돼.

시각장애인 음성 도서관, 교내 공기청정기, 점자 달력은 물론 AI 스피커 등 점점 진화하는 제품들, 신체 일부 기능이 훼손된 이들에게는 가능과 불가능을 넘나들게 하는 '도깨비 방망이'로구나.

귀 기관에 무궁한 발전을 기원합니다

보너스

　활동지원사 님 덕분에 토요일 헬스 호사를 누렸어. 치즈 돈가스도 먹고, 운동에 쇼핑에 고급스러운 수제 쿠키 선물까지.

　2007년 활동지원제도가 시행된 이래 누나도 몇 분의 활동지원사를 겪었잖아. 사람마다 성격이 다르고, 강점도 다르고. 기억력 부실한 내 뇌리에 남아 있는 몇 장면이 있구나.

　출장 갔다가 예정보다 일찍 집에 들어왔더니, 지원사 가족으로 보이는 학생이 누나 침대에 편히 누워 텔레비전을 보고 있더라.

 햇빛 쨍쨍한 여름 어느 날, 동네 마트 걸어가는 횡단보도 앞 신호등을 기다리며 활동지원사님 무슨 말씀인가 한참 하시다가 목적지를 잃어버리고 나에게 물으시더라.

 "우리 지금 어디 가고 있었죠?"

 똑같은 물건을 두 번 세 번 산 적도 있었다. 그런가 하면, 사우나 좋아하는 누나를 꼬박꼬박 목욕탕으로 인도해 주신 선생님이 계셨어요. 탕에 들어앉아 있는 내 손에 음료도 쥐어 주셨었지. 목욕 마치고 함께 따끈한 순댓국도 먹었더랬어.

 "이건 당신이 내."

 경계가 분명하시도다. 그렇게 저렇게 여러 선생님이 누나의 활동을 지원해 주심에 따라 삶의 질이 혁혁히 높아진 거야. 말 그대로 활동을 함

보너스

에 있어 지원의 손길이 필요한 이들에게는 무척 고마운 분들이지.

현재 누나 활동지원사 님은 헬스 하고 싶어 하는 누나를 위해 장애인 체육회를 수소문해 주셨어. 가끔 유주 등교시키는 아침이면 주먹밥까지 챙겨 주시는 난로 가슴의 소유자. 순 선생님은 누나가 본받고 싶은 어른이시란다. 매사 가볍게 일희일비하지 않는 무게 중심이 있고. 자녀에게마저 지극히 객관적인 시선과 거리를 유지하며, 생명을 살리는 일에 앞장서고. 어떤 일에든 성심을 쏟으셔.

통근부터 운동, 이동에 소소한 상담 서비스까지 이 몸의 활동을 지원해 주시는 월 120시간밖 그녀가 실천하는 삶의 태도, 누나에게는 행운의 보너스야.

이
없으면

나는 줄의 끄트머리에 섰다.

'정말 저 여자에게 기도를 받으면 눈을 뜬단 말인가?' 엄마는 포기하지 않았다. 모태신앙인 엄마가 남몰래 점쟁이를 찾아갔다는 후문도 조상 중에 객사한 혼령이 있어 그 재앙을 내가 덮어썼다는 설명도 하등 소용없었다.

'이제 포기할 때도 되지 않았나? 저런 소리를 진짜로 믿어서 이러는 건가?'

이 없으면

시사 프로그램에나 나올 법한 광신도들의 행렬 뒤에 엄마는 나를 세웠다. 차례차례 한걸음씩 그녀 쪽으로 전진했다. 어떻게 생긴 인물인지 알 길 없었고, 다만 내 머리에 손을 얹는 여자의 키가 큰 것이 느껴졌다. 여느 목사들처럼 머리에 손을 얹은 짧은 기도로 끝이 났다면 그 현장도 쉬 잊었을 테다. 하지만 그녀는 자연스럽게 검지 손가락 하나로 내 턱을 치켜올리고는 내 눈을 들여다보며 말했다.

"귀신에 씌었네. 휴학을 해. 지방 집회에 열심히 따라다니며 기도 받아. 저기 저 봉사하는 젊은 애들 다 대학생이야. 열심히 내가 시키는 대로 기도하고 고약 붙이고 해서 깨끗하게 나은 거야. 저기 저 남자애는 걷지를 못했다고. 지금 뛰어다니는 거 보이지?"

강산아, 이렇게 시작되는 이야기 어때? 재미있을 것 같아? 누나 소설 창작 숙제로 첫 문단 써본 건데, 김이설 작가 님께 칭찬받았다. 누나 얘기 아니냐고?

눈치 챘어? 누나 한참 눈 나빠질 때 기억이 네. 초등학교에 입학할 때쯤 어느 봄날, 가벼운 각막염이 시작이었어. 누나 평생 개근상 한 번도 못 받아봤잖아. 아홉 살 때부터 눈 수술 받았으니까.

6학년 될 때까지 거의 매년 입원을 했던 것 같아. 안압 내리는 수술이었어. 어린 마음에 손톱에 들인 봉숭아물을 걱정했었다. 어디서 들었는지 봉숭아물 들이면 전신 마취가 잘 안 된다는 얘기가 귀에 꽂힌 후 겁을 먹어버린 거지.

입원할 때마다 '이번에는 과연?' 남모르게 기대를 품었었어. 잘 보일까 하고 말이야.

수술 직후에는 안압 조절도 되고 사물도 한결 선명하게 보였어. 그런데 매번 그것이 오래 못 가는거야. 양쪽 눈을 번갈아 수술했던 터라 입원은 반복됐고, 동생들은 친척 집에 맡겨졌어.

이제야 생각하는 거야. 어린 녀석들이 얼마나

이 없으면

힘들었을까. 간호하는 엄마 못지않게 아빠도 그 시절이 녹록지 않으셨겠구나.

자주 결석하는 나를 위해 친구들이 병문안을 온 적이 있었어. 어떤 친구는 집까지 새 학년 교과서를 가져다주기도 했고.

짓궂은 남학생들은 수술 직후 체육 활동 못 하고 운동장 스탠드에 혼자 앉아 있는 나를 몰래 때리고 도망치기도 했는데, 이거 참 눈이 보여야 그놈이 누구인지 정확히 알지.

초등학교 때 담임선생님들은 하나같이 저시력인 나를 많이 배려해 주셨단다. 당시에는 같은 반에 안경 쓴 친구도 몇 명 없었어. 칠판 글씨가 안 보여서 매번 짝꿍이 불러 주거나 칠판 코앞에 자리를 마련해서 보고 썼는데…. 그럴 때마다 뒤에 앉은 친구들이 내가 칠판을 가린다며 불평하는 소리가 그렇게 불편할 수 없었어.

결국 중학교는 특수학교로 진학했지. 집에서

는 지하철 타고 버스 타고 한 시간 넘게 가야 닿는 거리였지만, 학급에서 나만 눈이 나쁜 학생으로 물과 기름처럼 살다가 친구들 모두가 눈이 나쁜 학교에 오니 무턱대고 마음이 편해. 그냥 다 같은 물 혹은 기름이니까 나만 두드러질 이유가 없잖아.

그 골치 아팠던 칠판도 교실에 없지, 친구들은 나만큼 보이거나 더 못 보지, 선생님들은 우리들 시기능에 맞는 도구와 방법으로 공부 가르쳐 주시지, 야 천국이 따로 없드랑게.

고등학교 때도 수술을 했어. 우리나라에서 해볼 수 있는 방법은 다 했다고, 레이저 수술까지 하고 나니까 더는 할 수 있는 게 없어. 눈에 침도 맞아보고, 이상한 기도원에도 가봤고.

'더는 안 되나 보구나. 이것이 나의 운명인가 보구나.'

어릴 적에는 약도 오만가지를 먹었어요. 소

이 없으면

생간부터 스쿠알렌, 동충하초, 구연산에 알로에까지 지금 떠오르는 것만 해도. 눈에 좋다 하여 당근 주스도 오지게 마셨다.

그래도 고마운 것은 우리 부모님께서 누나를 일찍이 특수학교에 보내셨다는 사실. 그곳에서 동등한 조건으로 친구들과 교제하고 공부할 수 있어 누나 사춘기가 무난히 흘러간 것 같아.

맹학교에는 시각장애를 가진 선생님들이 계시잖아. 20대 선생님들은 언니 혹은 오빠 같은 느낌으로 우리를 격의 없이 대해 주셨어. 눈 감고 사는 사람으로서 공감할 수 있는 정서요, 생존 기술까지 아낌없이 전수해 주신 거야.

이 없으면 잇몸으로 산다는 옛말 강산이 들어봤어? 분명히 불리한 조건이기는 한데, 그래도 살아진다는 거, 종종 행복하다는 거, 가끔 화가 나기도 하지만 금세 까먹어 버린다는 거.

네가 봐도 그런 것 같다고?

참기 어려워

강산이는 알지?

누나가 얼마나 의지가 모자란 인간인지. 퇴근길로 헬스장 가서 열심히 운동하고 집에 온단 말이야. 그런데 번번이 잠들기 전, 그 고비를 못 넘기는 거야. 뭐라도 주워먹고 만다는.

강산이는 어떻게 한 끼만 먹고도 그렇게 고고하게 살 수 있었니. 유일한 간식은 개껌이었잖아. 강산이가 그거 가지고 놀자며 누나 곁에 와서 가만히 기다리면 누나가 강산이가 물고 있는 껌을 같이 먹자고 막 귀찮게 했던 거, 너 기억나?

우리 장난꾸러기 그 껌 쟁탈전을 얼마나 즐기셨는지. 누나가 달라고 하면 보란 듯이 달게 껌 갈비를 뜯었어. 그러고는 금세 언제 그랬냐는 듯 새침해. 큼직한 껌의 한 쪽만 뜯으면 끝. 너 혼자는 안 먹었다. 꼭 껌 물고 누나한테 와서 놀자고 했었는데….

강산이 누나 만나고 얼마 안 되었을 때 말이야. 기차역 대합실에서 대기하고 있는데, 누나도 모르게 어떤 여자가 강산이 입에 초콜릿인지 초코 과자인지를 넣어준 적 있었잖아. 순간적으로 강산이는 그것을 받아먹었고.

네가 한참이나 입맛을 다시는데 누나는 사실 엄청 속이 상했었어. 왜 주인에게 말도 없이 그런 행동을 하는지, 다디단 그 간식을 맛본 네가 얼마나 또 먹고 싶을지, 뒤늦게 알고서야 속이 터지더라.

우리 강산이가 너무 예뻐서 그랬겠거니 이해하기에는 소리 없이 지나가 버린 그 순간이, 주인썩이나 되어서도 막지 못한 그 찰나가 차라리 허무하더라고. 그야말로 눈 뜨고 코 베인 느낌.

"죄송하지만 안내견은 사료 이외에 간식은 먹지 않아요. 보행 중에는 안내견 업무에 집중할 수 있도록 도와주세요. 다른 강아지가 가까이 접근하거나 사람들의 과도한 관심은 순간적으로 안내견의 주의를 흐트러뜨릴 수 있습니다."

이렇게 설명할 여지도 없었잖아. 무엇보다 누나는 우리 강산이 그 간식 또 먹고 싶을 텐데 싶어서 안타까웠던 거야. 식탐 많은 사람으로서 그게 얼마나 괴로운 일인지, 느낌 아니까.

강산이 하늘에서는 종종 과식도 하니? 여자 친구는 없어? 우리 차도남 거기서도 한 인기 하실 텐데.

오늘은 누나 잠자기 전 우리 강산이 생각하며, 먹고 싶은 것 참아 보꾸마.

참기 어려워

그땐
그랬지

 강산이랑 누나 처음 이곳에 자리 잡을 적에 말이야. 통근을 시내버스로 했잖아. 버스 정류장까지 40분을 걸었던 거 기억나?

 정확히 매일 아침 6시면 맹렬하게 한 끼 사료 클리어하는 너와 놀이터로 나갔어. 우리 강산이가 응가하면 따끈따끈한 그놈을 누나가 깨끗하게 비닐에 담는 거야.

 그다음 코스는 그루밍. 족히 20분씩은 했더랬는데. 우리 강산이 그루밍 시작하면 팔다리 쭉 쭉 뻗고 진짜 애기처럼 가만히 있었다. "아이고 시원해!" 소리가 들리는 것 같아요.

 그루밍솔에 묻어나온 털 쓸어 뭉쳐서 비닐에 담고, 빗고 또 빗고. 머리부터 발끝까지 누나 세신사마냥 열심히 했다. 그렇게 우리 둘의 아침이 시작됐었구나.

 털 예쁘게 빗고 집에 들어오면 우리 강산이가 제일 좋아하는 양치 타임. 치약을 얼마나 달게 드시는지. 눈곱도 떼고, 세수도 깨끗하게 하고. 물 몇 모금 할짝거린 다음 자리에 가서 철퍼덕 누우면 그때부터 휴식.

 가만 가만 껌 가지고 놀다가 누나 옷 갈아 입으면 그때부터는 고 작은 원룸을 타닥타닥 졸졸 따라다녀요.

 외출 준비 다 되면 자동 인형처럼 현관 앞으로. 강산이는 형광색 유니폼 입고 다녔잖아. 그거 입자고만 하면 그 큰 키로 펄쩍펄쩍 뛰면서

그땐 그랬지

어찌나 좋아했는지.

집에서 버스 정류장까지 그야말로 신나게 걸었다. 가는 도중에 갈림길 하나 나왔잖아. 교회로 가려면 왼쪽으로 꺾어 들어가야 하는. 우리 영특이 고 지점에 가면 기계처럼 멈춰요.

"누나 어디로 갈 거야?" 묻는 거야.
"학교 가자."

누나 말이 떨어지자마자 직진.
너랑 나는 대화가 가능했던 거야.

누나도 처음에 내 말 알아듣는 네가 얼마나 신기했는지 몰라. 누나 엄마, 낯선 땅에 딸내미 보내놓고 노심초사하시던 양반이 강산이가 버스 정류장 찾는 거 보고는,

"아이고, 엄마보다 낫다."

몇 번이나 감탄하셨던 거 너도 들었지?

그 황량했던 시절, 시내버스로 통근하면서 우리 강산이와 걷는 시간이 누나를 숨 쉬게 했단다. 고요히 산책하는 그 다디단 꿀맛을 네 덕에 알았어. 너 아니었으면 버티지 못했을 것 같아.

강산이랑 뿌리내린 이곳에서 누나 여전히 일하고 있어. 유주가 무럭무럭 크는 속도로 나이를 먹는구나.

지금은 활동지원사 님 도움받아 그때보다 훨씬 편하고 안전하게 통근해. 지원사 님 차 조수석에 앉을 때면 우리 강산이랑 택시 탔다가 누나가 모르고 차 문 닫으려고 해서 강산이 꼬리 아프게 했던 것, 우리 둘이 횡단보도 건너다가 대차게 달려오던 차 급정거했던 소리도 떠올라.

문득 그리고 불쑥 누나를 사로잡는 너.
꿈에라도 웰컴이야.

그땐 그랬지

그거
미역국이에요

얼마 전, 맹인 여자 셋이서 겨울방학 맞아 대전으로 떠난 호캉스. 작은 보쌈집에서 저녁을 먹는데, 그릇 그릇 반찬이 다양하게 나오잖아. 김치도 배추가 있고 무가 있고, 마늘이며 쌈장이며 작은 그릇이 즐비한데, 그 사이 우리가 예측할 수 없는 국물이 나왔네.

바쁘게 서빙하는 사장님에게 물어볼 틈도 없이 코와 입을 동원해 가며 열심히 탐색하는 상황.

"어어, 이게 뭐지?"
"된장국 아니야?"
"아닌 것 같아. 그런데 뭔지 잘 모르겠네."
"내가 먹어볼까?"
"내가 다시 먹어볼게."

순간 내 뒤통수 쪽에서 우렁우렁한 목소리가 말했어.

"그거 미역국이에요."

"헉, 네, 고맙습니다."

비좁은 식당이라 누나 등 뒤 테이블 아저씨들 얘기도 고스란히 다 들렸거든. 소주잔 기울이면서 구수한 육두문자 나누던 아저씨들 목소리 중 하나였어.

황당한데, 웃기더라.

"야, 이거 배추 아니잖아. 나 배추김치 줘봐."

"어어, 잠깐만. 그거 배추 같은데. 다시 찾아 볼게."

"아까 네가 나물이라고 준 것도 나물 아니었 다고."

그때 또 불쑥.

"그거는 부추예요."

다시 까르르.

"고맙습니다."

선배들 텐션에 누나야 그냥 묻어간 거지. 투박했지만 친절한 그 아저씨 덕분에 정체 모르고 먹을 뻔한 반찬이며 국을 마음 놓고 즐길 수 있었어.

경직되지
않도록

한의원에 다녀왔어.
조그라미가 단골로 다니는 곳이라 첫 진료인데도 처음 아닌 것 같은 느낌. 뒤통수에 맞은 침이 그렇게 시원할 수 없었어.

누나 자세 완전 불량이잖아. 시선축도 없지, 의식적으로 스트레칭을 챙겨하는 것도 아니지. 사실 내 몸인데도 어떤 것이 바른 자세인지 기준이 잘 안 잡혀.

형이랑 걸을 때 매번 듣는 잔소리.

"턱 당겨라."

나도 모르게 턱이 자꾸 하늘로 치켜 올라가는가 봐. 얼마나 우스운 꼴이냐고.

예전에 누나가 완전 실명하기 전에 맹학교 친구들 자세가 하나같이 앞으로 구부정했었어. 참 보기 싫다고 생각했었는데, 지금 난 더한 것 같아.

말하자면 누나는 귀가 눈인 사람이잖아. 그러니까 소리가 나는 쪽으로 나도 모르게 고개를 쭉 빼고 귀를 기울이는 거야. 책마루나 아이폰으로 독서할 때도 머리가 그쪽으로 기울고.

의사 선생님 말씀이 누나 승모근 상태가 말이 아니라는 거야. 너무 굳어 있다고. 뒤통수에 침을 퍽퍽 찌르는데, 와우 '화타'가 따로 없더라니까. 등 근육을 이완시킬 수 있는 스트레칭 동작도 가르쳐 주셨어.

경직되지 않을 것. 수시로 스스로에게 거는 주문인데도 몸과 마음이 사정없이 결려 오는구나.

뇌파 검사 결과, 내 몸의 자율신경계 균형은 양호했어. 미주알고주알 누나 얘기 다 들어준 강산이 덕분이다.

몸의 경직은 운동으로, 마음의 경직은 쓰기로 풀어 보려고 해. 물 마시고, 땀 흘리는 것으로 몸 깨끗하게 하고, 훌륭한 저자들의 정갈한 사유를 읽어, 내 것이 될 때까지 곱씹다 보면 모난 내 영혼 조금은 둥그러질까.

내가
좋아서

 겨울방학을 맞아 1일 1시술을 실천하고 있어. 주 고객은 같이 사는 남자. 축구를 즐기는 비장애인 남자와 독서에 중독된 시각장애인 여자가 함께할 수 있는 거룩한 루틴.

 매일 밤, 한 시간가량 마사지 타임을 갖는 거야. 아홉 시 뉴스를 들으며 두런두런 정치나 날씨 얘기도 나누고, 소화기관이 약한 남편 배와 등에 자극요법과 수기요법을 고루 시술하는 거지. 희한한 것이 그렇게 시술하고 나면 내 기분이 퍽 개운해.

우리 강산이는 잘 모르겠다만, 살다 보면 부부 사이 참 오묘하니라. 상대가 이뻐보일 때도 있지만, 그렇지 않을 때도 많은지라. 한참 미워할 때는 도대체 저 사람이 나와 결혼한 이유가 무엇일까 치열하게 고민한 시절도 있었단다.

사실 장애인과 비장애인의 결혼이 보편적인 선택은 아니잖아. 유주 아빠, 그지없이 선량한 인물. 부지런하고 검소하고 살갑고 민첩하시겠다.

강산이 눈치챘어? 누나에게는 1도 없는 면모. 게으르고, 미련하고, 요령 없는 누나와는 완전 딴판.

네 그 강점 때문에 결혼했는데, 바로 그 지점이 이혼 사유가 된다는 우스갯소리도 있더라만. 부모님 반대 무릅쓰고 결혼했을 때는 나 이 남자에게 부채감이 좀 있었어. 아무래도 공평한 게임이 아닌 것 같아서.

그런데 이 세상 모든 부부는 세월이 쌓임에 따라 들키고 싶지 않은 서로의 약점이며 민낯을 낱낱이 알게 되잖아. 안 하고 싶어도 환경과 인간의 습성, 성격 형성 등에 대해 생각이란 것을 하게 되는 거야.

안간힘 써서 서로를 이해하기 위해 자의 반 타의 반 노력하게 된달까. 좋든 싫든 자녀가 있는 한 공동운명체라는 생각도 들고. 드라마 〈굿 파트너〉를 쓰신 최유나 작가는 가족이 된 '남'이라고 배우자를 표현하셨더라.

그런데 강산아, 누나가 형에게 품었던 부채감을 내려놓고 나니까 오히려 이 남자를 있는 그대로 바라보게 되더라고. 착하지도 않은 내가 이 남자를 '고마움'으로 상정하고, 때때로 서운한 감정까지 포장하려다 보니 과부하가 걸리더란 말이다. 그래서 그냥 내 그릇만큼만 사랑하기로 했어.

'맹인 아내를 둔 남편이라서 느끼셨을 어떤

외로움을 짐작하오. 다음 생에는 부디 건강한 금수저 여인 만나 백년해로하시길.'

　그럼 형아 이번 생은 끝난 거냐고?
　암만. 누나랑 유주랑 오래오래 행복하게 살아야지.

네가
떠난 후

강산이가 은퇴한 후 누나 많이 힘들었어.

밥 먹으면서도 울고 형이랑 바람 쐬러 나가서도 울고, 그렇게 눈물이 나더라. 그냥 내 두 발이 꽁꽁 묶여버린 기분이었어. 너랑 뛰다시피 걷던 그 길인데, 지팡이 들고는 어림도 없더라고.

언제든 신발 신고 나설 수 있는 자유. 빼앗겨본 사람은 알 거야. 건강한 두 발이 주는 지극히 사적인 해방감을.

너의 빈자리는 누구로도 메워지지 않았어. 사랑하지 않아서도 마음이 모자라서도 아니었지. 강산이만큼 누나에게 막대한 고요 속 걸음을 허용하는 이가 없었을 뿐.

퍼피워커 엄마 품으로 돌아가 사랑받으며 편안히 지낼 너를 상상하면 그래도 마음이 가벼워졌어. 누나 안내하고 다니느라 매일 찬 바닥에 엎드려 기다리는 것이 일상이었으니, 강산이 고관절 건강도 살펴야 했고.

너 보내고 났는데, 사진은커녕 목소리 녹음한 것도 없잖아. 수시로 타닥타닥 거실 바닥 걷는 네 발소리가 들리는 것 같았어. 잠깐 화장실만 가도 문 앞에 따라와 엎드려 있던 너였으니까.

아침저녁으로 산책하던 그 시간을 무엇으로든 채워야 했어. 수소문 끝에 플루트 개인 레슨을 시작했단다. 악기 부는 동안에는 울지 않을 수 있었어. 짧은 호흡에 자세 잡으랴 운지 익히랴 몰입하지 않을 수 없더라고.

네가 떠난 후

그렇게 하루이틀 견디다 보니 살아졌어.
다만 군살과 짜증이 늘었지.

나가서 걷고는 싶은데, 같이 걸어줄 이는 없고, 교대 근무 하는 남편과는 시간이 맞지 않고. 실내 운동 기구에 아무리 매달려 봐도 너와 자연 속을 걷는 것에 비할 바가 아니었어. 날 것의 하늘과 바람이 얼마나 가지고 싶었는지 몰라.

어느 날에는 흰 지팡이를 들고 너와 걷던 길로 나가봤어. 그런데, 말도 안 되게 겁이 나는 거야. 방향도 잘 못 잡겠고, 차 소리 나면 뒷걸음질부터 치게 되고. 집 찾아 되돌아오는 것도 힘에 부치더라니까.

완벽한 전의 상실이었다. 내 안에 나를 지탱하던 어떤 힘이 툭 부러져 버린 느낌이었어. 속수무책으로 시들었던 것 같아. 가족들 앞에서 아닌 척 웃기도 했지만, 쉽지는 않더라고.

힘든 시기 곁에 있어준 남편 덕에 차츰 기운을 차릴 수 있었어. 유주 임신하고, 이사하게 되면서 누나도 그 집을 떠나왔단다. 추억 저편에 너와 내가 있구나.

　이다음에 유주 다 커서 독립하면 안내견과 다시 함께할 수 있을까? 막연하게 상상하는 거야. 할머니 된 누나가 퇴직하여 통근 수단 걱정 없이 낮이고 밤이고 유유자적 산책할 수 있을 그 날을.

네가 떠난 후

너를
기억하며

어느 법의학자의 강의를 들었어.
 자연사 혹은 비자연사로 종결될 수 있는 생물학적 죽음 너머 사회적 죽음을 말씀하시더라. 그의 존재를 기억하는 이가 세상에 없을 때 비로소 완전한 죽음에 이르게 되는 거라고.

 은퇴 후 누나는 강산이를 만나지 못했어. 유주 낳아 기르는 동안 몸과 마음의 여유가 없었구나. '엄마'라는 이름으로 다시 태어나기에 누나 역량이 많이 모자랐던 것 같아. 온 식구가 총동원되어 아가 유주를 키워냈단다.

6개월 육아휴직 이후로는 쉬지 않고 달렸어. 강단 없는 누나라서 별것 아닌 일에 번번이 상심만 컸다. 강산이 떠난 후 산책에 목말랐던 만큼 아기 유모차를 밀어주고 싶었어.

　재롱잔치 무대에 선 유주를 볼 수 없어 혼자 가슴 쳤던 어느 겨울날, 강산이가 안내견학교로 들어갔다는 연락을 받았어.

　왜, 빨리 가보지 못했을까. 네가 하늘로 완전히 떠나버릴 수 있다는 생각을 왜 미처 못했을까. 그토록 보고 싶어 했으면서, 왜 용인으로 달려가 널 안아줄 엄두를 못 냈을까.

　누나 바보 맞아. 너를 네 장례식장에서야 만났으니까. 수의 입고 누워 있는 차디찬 너를 안았으니까.

　장례 절차가 진행되는 와중에도 누나 실감이 안 났어. 화장을 하고, 유골을 받아 안내견학교 잔디밭에 너를 가만히 묻었다. 강산이 명패를

너를 기억하며

붙이고, 그것을 쓰다듬어 봤어. 미안하다는 말 밖에 누나가 무슨 말을 더할 수 있겠니.

잊지 않을게. 하늘나라 가는 그날까지 누나 강산이 기억할 거야. 꼬부랑 할머니 되어서도 너만 생각하면 절로 웃음이 날 거야.

이다음에, 하늘에서 우리 다시 만나면, 그때는… 강산이가 누나 안내해 주지 않아도 되지 않을까?

설마 거기서도 누나 눈 안 보이지는 않겠지? 누나 한눈에 너 알아보고 그냥 꽉 껴안아 줄 거야.

기다려 줄래?

사랑하게 된 거야, 너를
: 안내견 강산이가 내게 남긴 것들

ⓒ 김성은

초판 1쇄 인쇄 2025년 7월 4일
초판 1쇄 발행 2025년 7월 14일

지은이 김성은
일러스트레이션 이진희
디자인 스튜디오 브로콜리

펴낸곳 청과수풀
출판등록 제2023-000203호
이메일 oursuful@gmail.com
인스타그램 @chsuful_editor

ISBN 979-11-989588-2-2 (03810)

◊ 책값은 뒤표지에 있습니다.
◊ 파본은 구입하신 서점에서 바꿔드립니다.
◊ 이 도서는 2025 경기도 우수출판물 제작지원 사업
  선정작입니다.

 청과수풀 경계에서 새로운 것들은 탄생한다.